U0027481

戊辰戦争 隠された真実を暴く

戊辰戰爭

還原被隱藏的真相

洪維揚 著

REVEALED

THE HIDDEN TRUTH ABOUT BOSHIN WAR

第**2**部 奥羽越列藩同盟之巻

2

戊辰戰爭

奥羽越列藩同盟之卷

第九章　北越戰爭及庄內戰爭

慶應四年四月十九日～明治元年九月廿六日

第十章　會津戰爭

慶應四年閏四月廿日～明治元年九月廿二日

第十一章　蝦夷政權

慶應四年八月十九日~明治元年十二月十五日

第十二章　箱館戰爭

明治元年十月廿九日～明治二年五月十七日

2.

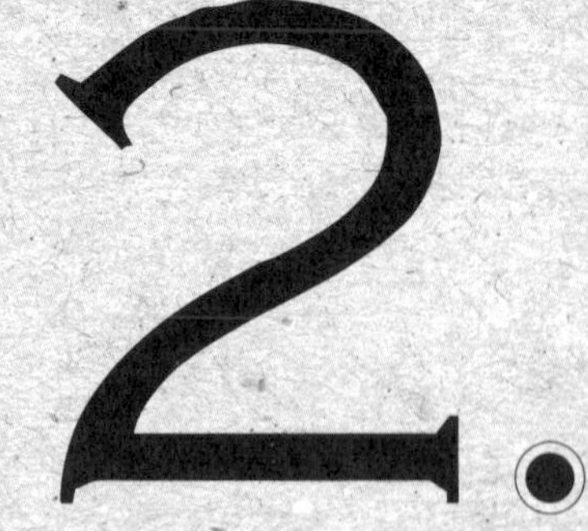

第2部

奧羽越列藩同盟之卷

テ合戦ノ図〉——國立國會圖書館

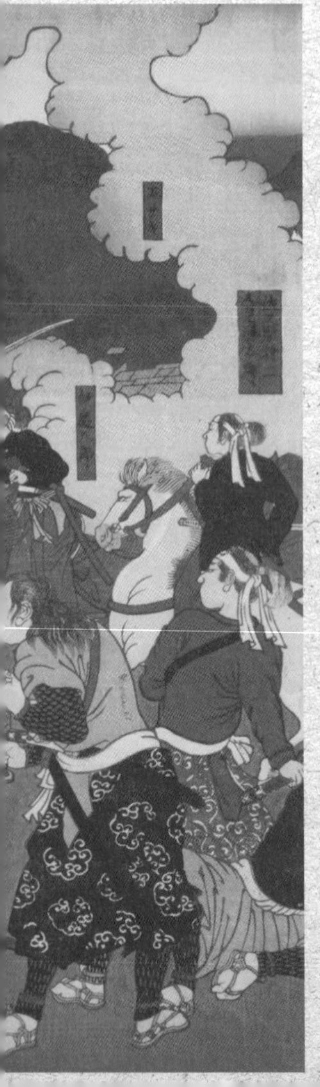

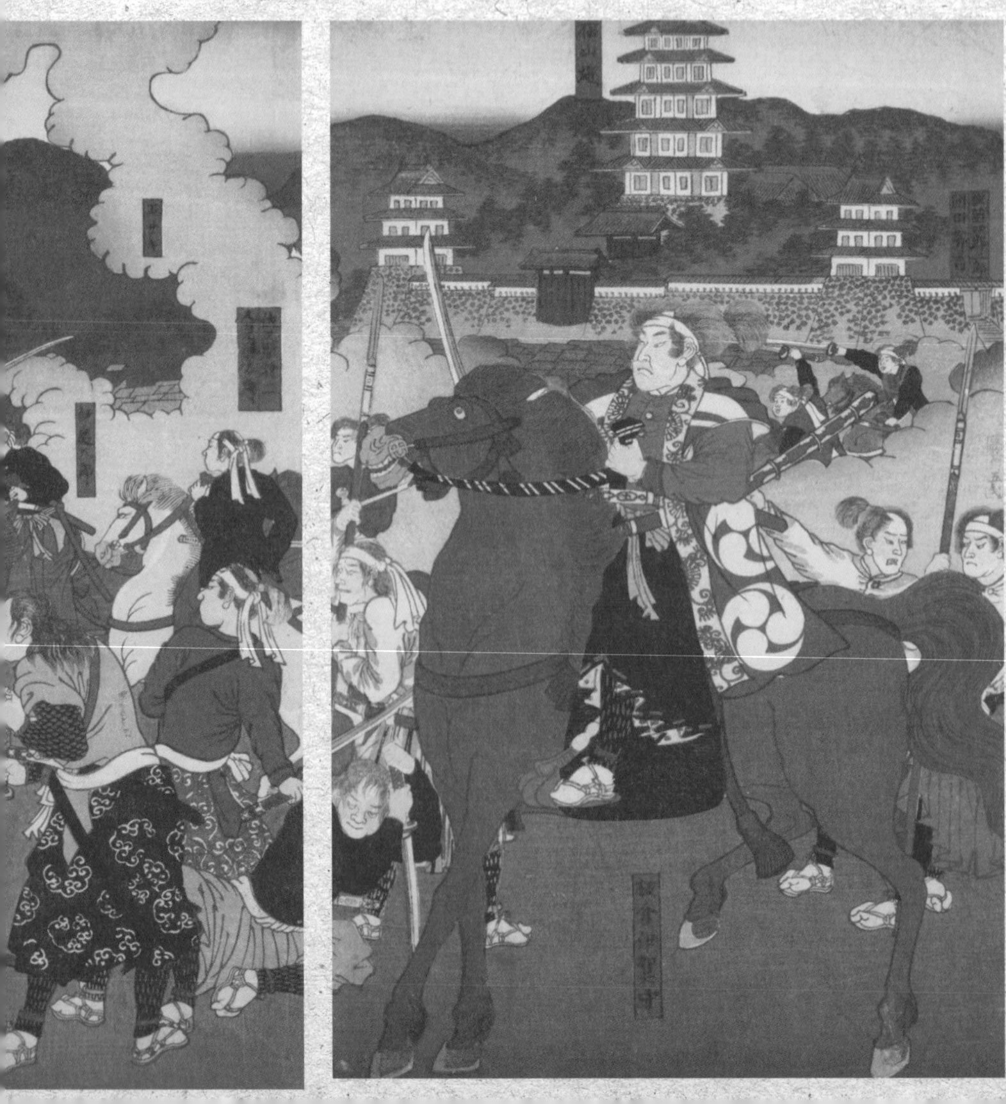

〈永嶌孟斎　時明治元戊辰ノ夏旧幕ノ勇臣等東台ノ戦争破レ奥州へ脱走ナシ夫ヨリ函館へ押渡再松

第七章
宇都宮、今市之戰

一、近藤勇斬首

筆者在第三章提到三月六日近藤勇在甲斐勝沼之役敗北，永倉新八和原田左之助與原新選組隊士中條常八郎、林信太郎、前野五郎、松本喜次郎於三月十一日脫離新選組，加入幕臣養子芳賀宜道新成立以旗本為主的靖共隊，新選組因此分裂，加上在鳥羽・伏見之戰失敗退出京都，新選組成員大量流失，已不復往昔在京都的雄風。

兩日後（十三日），已改名為大久保剛的近藤勇先是率領十名新選組隊士來到五兵衛新田（東京都足立區綾瀨四丁目），寄宿在當地名主金子健十郎宅邸。到十五日為止，陸續有其

近藤勇墓。

他新選組隊士到來，包含大久保在內共四十八名，這是當時新選組僅存的隊士。至於已改名為內藤隼人的土方歲三先行前往下總國流山，因為那裡是幕府天領，在幕府已形同崩壞的當下很有發展空間。

根據金子健十郎的日錄（日記），近藤在金子家滯留到四月一日，這段期間不少聽聞新選組之名的仰慕者慕名而來要求加入，閒來無事的近藤等人對要求加入的慕名者做了劍術測試留下有劍術底子的人，因此四月一日離開時新選組隊士遽增到二百二十七名。

滯留五兵衛新田期間，近藤捨棄大久保剛的名字，再度改名為大久保大和，或是在署名上以大久保大和宜昌（宜昌為其原本名諱，勇則為通稱）之名，此為近藤最後一次改名。

圖說：位於東京ＪＲ埼京線板橋站東口附近的近藤勇之墓。（遠足文化提供）

三月廿四日，序章曾提過在近藤勇受到御陵衛士襲擊時幫他醫治的前將軍侍醫松本良順造訪金子健十郎宅邸，與近藤討論今後的去向。儘管松本提出流山、松戶、船橋三個地點讓近藤選擇，近藤早已決定要前往流山，因為土方已在十餘日前先行前往該地。五兵衛新田到流山不到二十公里，近藤走得再怎麼慢也能在當日抵達，土方已經幫他選好當地一家釀酒商長岡屋作為本陣，這個地方位在現今流山電鐵流山線流山站附近。由於近藤一行將近二百三十人，長岡屋收容不到五十人，剩下約一百八十人在長岡屋的安排下投宿在西南方約一公里的真言宗寺院光明院(千葉縣流山市流山六丁目)。

不過，東山道先鋒部隊——即在甲斐勝沼之戰擊敗甲陽鎮撫隊的板垣退助——已在三月十三日抵達中山道第一宿板橋宿，負責監視武藏、下總兩國交界處幕府軍的行動，在三月廿日左右已發現流山有幕府軍的行蹤。接獲消息的東山道先鋒部隊起初只當作尋常幕府部隊而不當一回事，他們將目標擺在盤據宇都宮的大鳥圭介，認為只要擊潰大鳥，流山的幕府軍便可不攻自破。

之後根據派出的伺候查探得知這支幕府軍的領導人是大久保大和及內藤隼人。東山道先鋒部隊無人聽過這兩個名字，但是從伺候口中形容的兩人容貌來推測，板垣退助認定這兩人應該是近藤勇和土方歲三。

適逢東山道軍以水戶藩出身且曾是陸援隊士香川敬三為大軍監、薩摩藩出身的有馬藤太（維新後改名純雄）為軍監，率領部隊於四月二日早上從板橋宿出發遠征宇都宮（詳細內容請見第三節），他們另一任務為順道查探流山的動向。三日清晨香川、有馬率領約五百人前鋒部隊橫渡利根川前往流山，明六時半已團團包圍近藤下榻的長岡屋，土方見狀打算率領所有隊士出奇不意的殺出去，然後前往光明院與人數較多的隊士會合。不過長岡屋人數不到香川部隊一成，恐怕還沒衝出去便已全部斃命。

近藤制止土方的衝動，只帶著新選組隊士野村利三郎和村上三郎走進敵方部隊中，向頭上戴著黑色熊毛的有馬說道：

我是幕臣大久保大和。

有馬領著近藤和香川見面，雖然兩人從未見過近藤，但是從近藤挺拔的外貌、銳利的眼神及其走路姿態來看，他們一致認為此人是劍術高手，極有可能如板垣猜測近藤勇或土方歲三其中一人。

當有馬問及為何屯集於此，近藤回覆說是為了防止逃兵與農民據此打家劫舍，絕無抵抗新政府軍的意圖。有一說是香川、有馬認定大久保大和即是近藤，當下便拿下他帶回板橋宿，找來昔日脫隊的隊士指認。

另一說是近藤歷經審訊後釋回。回到長岡屋後的近藤拒絕土方提出前往奧州的提議，堅決不與新政府軍抵抗，土方眼見近藤心意已定，於是來到矢河原渡頭（千葉縣流山市加地先）與近藤訣別。近藤帶著野村利三郎、相馬主計和村上三郎三位隊士上船前往位在日光街道上的越谷宿（埼玉縣越谷市），然後再轉往板橋宿向香川、有馬等人自首。

為何近藤不與土方繼續作戰，而要向新政府軍投降呢？流山當地流傳的說法是「近藤為了不讓當地市街受到戰火的破壞而決定犧牲自己」，不過這種說法有可能經過美化。另有一說是為了保全流山的新選組成員，近藤決定犧牲一己的性命，二〇〇四年大河劇《新選組！》採用此說。還有一說是近藤自認薩長人士無一見過其面貌（實際上木戶貫治見過），他打算在受審訊時以大久保大和之名蒙混過去。

由於近藤才是香川等人審訊的對象，因此一到板橋宿近藤便與野村、相馬和村上三人區隔開來單獨受訊。不管香川等人如何問話，近藤的回答還是那一句：

我是幕臣大久保大和。

香川和有馬眼見近藤始終堅持自己是幕臣大久保大和，雖明知他是近藤的可能性極高，卻缺乏致命的證據（人證或物證）置近藤於死地。然而，或許是近藤注定難逃此劫，曾經是新選組隊士之後跟隨伊東甲子太郎另組御陵衛士，且在油小路決鬥（請參照前作第三部）中逃過一劫的加納道之助此時竟在東山道先鋒軍。加納才在上個月甲斐勝沼之戰結束後指認變裝成農民的大石鍬次郎，大石在新選組素有「人斬鍬次郎」之稱，不少長州、土佐志士死在他的刀下。既然加納都能指認出大石，一定也能指認出新選組局長，香川、有馬正是抱持這一目的才請加納過來指認。

四日近藤一見到加納，堅毅的神情出現動搖，當下立即承認：

我就是近藤。

近藤的命運也在這一刻決定。

近藤被帶到板橋宿附近的平尾宿脇本陣監禁，香川、有馬以及谷守部等人討論如何處置近藤。當時普遍認定龍馬暗殺是由新選組下手，不管近藤有無參與都要為此負起責任，香川和谷與遭到暗殺的龍馬及中岡有著深厚友誼，他們視新選組如仇敵，因此近藤不僅死罪難逃，而且不配享有切腹待遇，必須處以斬首之罪才能告慰死在其刀下的亡魂。確定近藤的處分後，當場釋放跟隨近藤的隊士野村利三郎、相馬主計和村上三郎三人。

四月廿五日，在平尾宿脇本陣監禁超過二十日的近藤被帶往板橋刑場（東京都板橋區板橋一丁目，JR板橋驛北口附近）迎接人生的最後一幕，部分新選組隊士如島田魁混在人群中觀看近藤的行刑。斬首的任務由大身旗本橫倉喜三次負責，他在一個多月前才剛在信濃國下諏訪宿處斬赤報隊隊長相樂總三。只見橫倉深吸一口氣後揮刀斬下，兔起鶻落般熟練的刀法，近藤立即身首異處，享年三十五歲。島田魁在日記寫下近藤處斬時的情景：

近藤公臨刑前神色一如往常，從容而死，見者無不淚流而為公惋惜，實古今無雙之人傑。

近藤在京都六年以維持治安之名殺害無數志士，光是這點便該為其所為償命，但是香川等人似乎覺得不夠，將近藤的首級用白絹包好，放入檜木盒快馬傳到京都置於三條河原（鴨川與三條通交界之處，「殺生關白」豐臣秀次在此處決）梟首，不過之後近藤的首級不知去向。

據說近藤在監禁平尾宿脇本陣期間，寫下兩首漢詩作為辭世：

孤軍援絕作俘囚，顧念君恩淚更流。
一片丹衷能殉節，睢陽千古是吾儔。

靡他今日復何言，取義捨生吾所尊。
快受電光三尺劍，只將一死報君恩。

平日《三國演義》《水滸傳》卷不離身的近藤也許真有寫漢詩的才能，這兩首詩出自其手，近藤的漢學造詣並不下於西鄉，比起只會寫些蹩腳俳句的土方高出甚多。兩首絕句中都有提及「君恩」，指的當然是主君，不過問題在於是哪位主君？顯然不可能是京都的祐宮，是目前正在水戶謹慎的前將軍德川慶喜？或是已回到會津正積極備戰的前京都守護職松平容保？

目前較為有名的近藤墓所共有三處，一是位在板橋刑場附近的壽德寺境外墓地（JR板橋驛北口附近），日後這裡也成為土方和永倉的墓所之一。近藤生家附近的龍源寺（東京都三鷹市大澤六丁目）是近藤家的菩提寺，此處亦有近藤的墓地。據說近藤處決後，養子勇五郎（近藤長兄宮川音五郎之次男，為近藤收為養子）領回其遺體，帶回龍源寺安葬，日後近藤元配阿常與勇五郎亦埋骨於此。土方在宇都宮城之役負傷，撤退至會津時請求松平容保在天寧寺（福島縣會津若松市東山町石山天寧）為近藤建造墓所，在會津養傷期間土方經常到此地祭拜近藤。

二、市川、船橋及其後續的八幡、姉崎之戰

筆者在第五章結束時提到江戶無血開城當晚，幕府步兵奉行大鳥圭介聚集由法國軍事顧問團訓練的新式陸軍傳習隊步兵一千六百人，逃出江戶前往下總鴻之台。稍後傳習隊撒兵頭福田八郎右衛門也率領約一千五百名傳習隊來到上總木更津真里谷，如此一來，在房總半島便有超過三千人接受法國訓練的精銳陸軍威脅新政府軍。不過這些精銳陸軍雖訓練精良，經費卻嚴重不足，鑒於江戶附近的藩多已向新政府降伏，只能向房總半島東岸的一宮藩（譜代大名，一萬三千石）募集軍用金。

解決這一問題後，福田命御家人江原鑄三郎（維新後改名素六）率領三大隊傳習隊兵力（約一千五百人）朝江戶行進。江原於四月廿四日進入船橋，繼續前行至市川八幡時遇上效力新政府軍的岡山藩，岡山藩兵要求江原解除武裝。當時尚未進行上野戰爭，薩摩、長州、佐賀等新政府軍精銳都佈陣在寬永寺周遭，江戶外圍由岡山、福岡、津、德島、佐土原等不如上述三藩善戰的藩駐守。江原於廿五日親自到岡山藩陣地請求讓傳習隊攜帶武器進入江戶，岡山藩拒絕江原的要求，反而提出在三日內解除武裝。

江原已有強行進入江戶的打算，他於廿九日下令第一大隊推進至市川中山，命第二大隊在船橋部屬。同時前往位在當地的法華經寺（千葉縣市川市中山二丁目）與岡山等五藩進行最後協調，可惜仍未能取得共識，到此雙方都視同此為最後通牒而決意開戰。

閏四月三日曉七時半，江原下令傳習隊進攻部屬在八幡的岡山藩，受過法國軍事顧問團訓練的傳習隊攻勢猛烈，岡山藩連同前來馳援的津藩不支敗退。江原率領傳習隊渡過江戶川繼續追擊至津藩本陣，津藩以大砲砲擊才將其擊退。就在江原率第一大隊在市川進攻岡山、津二藩時，福岡、德島、佐土原三藩則在船橋進攻傳習隊第二大隊，江原聞訊趕緊率隊回防。傳習隊第二大隊以船橋大神宮（船橋市宮本五丁目，原名意富比神社）為本營，以神宮的建築為屏障與來犯的新政府軍在槍戰中占了上風，然而當福岡藩推出大砲砲擊，神宮的建築遭到隆隆砲聲摧枯拉朽而坍塌，即便江原及時趕回也只能率領傳習隊逃逸。

過晝九時半，市川、船橋之戰的戰役差不多已結束，就傷亡而言，此役雙方各只有十餘名戰死，傷害可說微乎其微，不過在市川及船橋各有一百二十餘戶及八百八十餘戶遭到砲火波及，無辜的民眾成為最大的受害者。

戰勝捷報當日傳回大總督府，為了切斷與盤據上野的彰義隊之聯繫，大總督府迅速在當日任命東海道鎮撫副總督柳原前光為房總鎮撫，在參謀木梨精一郎外又新任命熊本藩士安場一平（維新後改名保和）、大村藩士渡邊清為新參謀。翌日柳原率薩摩、長州、大村等藩兵從江戶出發，當晚住宿在千住的源長寺（東京都足立區千住仲町）。五日與市川、船橋之戰的岡山、福岡、津、德島、佐土原等五藩藩兵會合，然後抵達曾為大鳥圭介進駐的鴻之台總寧寺（千葉縣市川市國府台），但當地已不見傳習隊蹤影。

柳原此次任務在於肅清房總地區的幕府軍，切斷其與彰義隊的聯繫，在與兩位參謀討論後，當日由渡邊清與薩摩藩士相良治郎兵分兩路沿房總半島西岸南下直搗傳習隊在房總的另一據點木更津真里谷。

傳習隊第一、二大隊在船橋失敗後往南撤退，與駐紮在姉崎妙經寺（千葉縣市原市姉崎）的第三大隊會合，為防範新政府軍的追擊而在養老川東岸警戒，福田遂以位在養老川東岸的五井（千葉縣市原市五井）為本陣。

閏四月六日，渡邊清與相良治郎分別由蘇我野（千葉縣千葉市中央區蘇我）、千葉（千葉縣千葉市中央區本千葉町）二地大抵沿著今日 JR 內房線南下，當晚兩軍在八幡（千葉縣市原市八幡）遭遇互相射擊。七日天明後衝突擴大到五井，傳習隊漸感不支往南退到妙經寺重整隊伍。

新政府軍以長州、大村、岡山、佐土原四藩藩兵進攻妙經寺，薩摩藩兵則仿效福岡藩兵在船橋大神宮推出大砲砲擊。大砲的威力再度讓傳習隊棄甲而逃，四處逃去，此時是閏四月七日晝九時半左右。

多數傳習隊士逃回位在真里谷的真如寺（千葉縣木更津市真里谷），新政府軍先追擊逃亡各地的隊士，一一降伏後再團團包圍真如寺。閏四月廿三日在真如寺的傳習隊士共五百四十三名向新政府軍降伏，福田八郎右衛門率領的傳習隊在房總地區的反抗前後歷時約二十日，最後悉數平定，在南關東地區已無幕府軍蹤跡，新政府軍得能無後顧之憂對彰義隊展開總攻擊。

福田八郎右衛門於七日棄守妙經寺時失蹤，數日後在大多喜（千葉縣夷隅郡大多喜町）遭到逮捕下獄，之後死在獄中。

三、第一回宇都宮城攻防戰

筆者在前節並未提到大鳥圭介，讀者或許會感到納悶：大鳥圭介率領的一千六百名傳習隊呢？在前節的戰役若他與福田並肩作戰或許不至於失敗。大鳥圭介在四月十二日出走到下總國鴻之台，在該地遇上十日前才與近藤勇在矢河原渡頭訣別的土方歲三及部分追隨他的新選組隊士，大鳥從土方口中得知近藤被捕的消息，認為下總非可久留之地。四月十二日在市川大林院(於明治時代燒毀)召開軍評做出如下編制：

全軍都統：大鳥圭介

先鋒：傳習第一大隊為主
桑名藩士約八十人
新選組及其他諸隊混成編成
隊長由傳習第一大隊隊長會津藩士秋月登之助擔任

先鋒軍參謀兼全軍參謀土方歲三

中軍：傳習第二大隊為主

另有誠忠隊、純義隊

隊長由大鳥圭介兼任

後軍：步兵第七聯隊為主

幕臣米田桂次郎為隊長。

軍評結束後立即按編制陸續離開鴻之台北上，其目的地為祭祀神君（德川家康）的日光東照宮，他們確信前往日光若能得到神助將有助於恢復幕府。晚了一步的福田八郎右衛門失去與大鳥軍會合的機會，只能棲身更南邊的真里谷，轉戰房總地區最終如前節所述向新政府降伏。

軍評結束後大鳥一行立即分批上路，雖然人數眾多，除了十五日與譜代下妻藩有零星

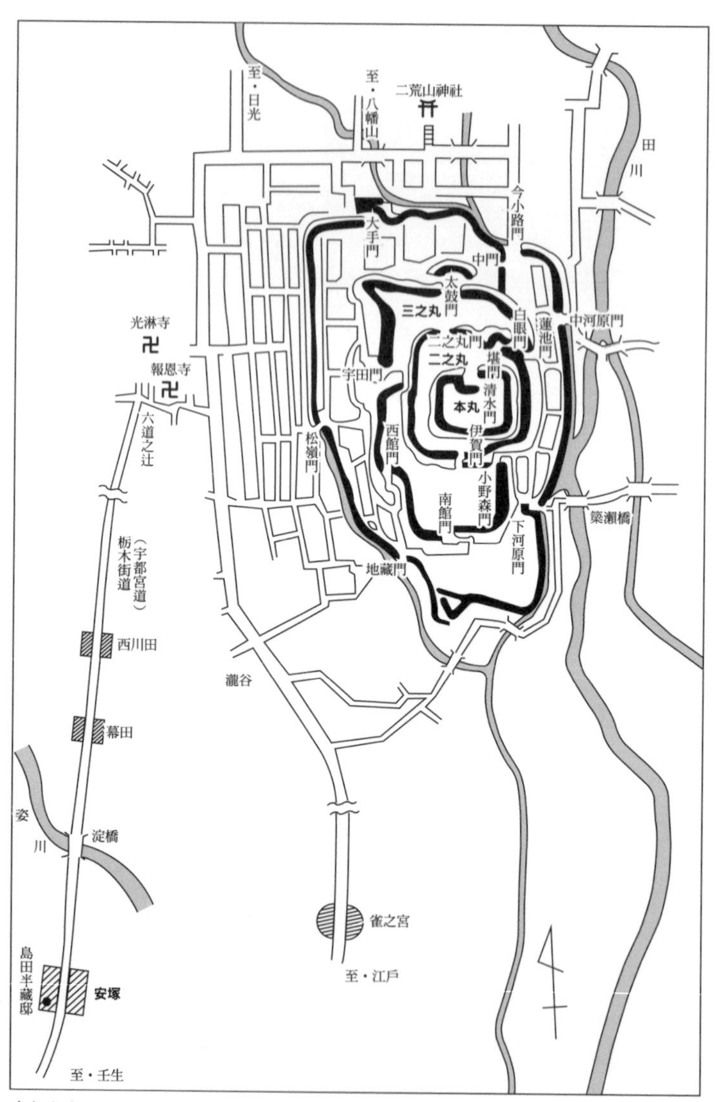
至・日光
至・八幡山
二荒山神社
田川
今小路門
大手門
中門
太鼓門
三之丸
白眼門
蓮池門
中河原門
光琳寺
二之丸門
二之丸
埋門
報恩寺
宇田門
清水門
本丸
六道之辻
伊賀門
西館門
松嶺門
小野森門
築瀬橋
南館門
下河原門
栃木街道（宇都宮道）
地藏門
西川田
瀧谷
幕田
姿川
淀橋
雀之宮
至・江戸
島田半藏邸
安塚
至・壬生
宇都宮城下

衝突外，一路走來還算順利。十六日進入下野國小山（栃木縣小山市），先鋒隊在該地發現香川敬三率領的新政府軍行蹤，土方和秋月出奇不意對新政府軍發動襲擊，新政府軍不支敗走，先鋒隊取得新政府軍敗走時留下的槍、砲、彈及資金、糧食等戰利品。接下來十七日在小山又與新政府軍發生兩次衝突，幕府軍都獲勝，雖然規模不大，但自鳥羽・伏見之戰以來，幕府軍罕見連勝，全軍士氣無比高昂。接連戰勝的先鋒隊休息一日後從小山出發，準備翌日攻占前往日光的必經之地——宇都宮城。

先鋒隊攻略的目標宇都宮城是宇都宮藩藩廳，在大政奉還前後盛行於畿內一帶的「這下可好了」（ええじゃないか）進入慶應四年蔓延至上野、下野，其中尤以宇都宮藩最為嚴重。面對超過三萬農民的搗毀行動，雖自幕府成立以來皆為譜代的宇都宮藩也不得不向大總督府求救，請求代為平定。大總督府派去的是大軍監香川敬三及軍監有馬藤太率領的東山道軍，這支軍隊意外的在下總流山捕獲近藤勇立下一大功，之後香川率軍繼續北上朝宇都宮城前進，在小山遇上秋月、土方率領的傳習隊先鋒隊，三次交手都吞下敗仗。

在矢河原渡頭與近藤訣別的土方抱著為近藤復仇的意念來到宇都宮，部分以土方為主人公的歷史小說作家將土方前往宇都宮之後的行動稱為「北征」，這種說法並非沒有依據，因為土方之後到戰死為止都不斷往北作戰。在新選組的相關影視中有時會看到土方身著全黑洋裝軍服，這身裝扮始於甲斐勝沼之戰，「北征」期間更是衣不離身，成為最能代表土方的服裝。

十九日拂曉，為數約千人的先鋒隊從下館（茨城縣筑西市）出發兵分三路朝宇都宮城急行軍，每一路都帶著寫有「東照大權現」旗幟對抗新政府軍的錦之御旗。約晝四時左右在宇都宮城前的樹林與新政府軍進行槍戰，經過近一小時的戰鬥新政府軍退入城裡籠城。籠城的新政府軍為大軍監香川敬三以下約六百人，攻方兵力雖多於守方，然而並未到守方三倍的不成文規定，不過攻方擁有在日前三次小山合戰中取得數門大砲等戰利品，整體說來攻方略占優勢。

勘查完地形後土方向秋月表示決定強攻。晝四時半，土方率領原新選組隊士在守軍的槍擊下冒險穿過　瀨橋點燃大砲砲轟城東南方下河原門，同時間桑名藩士辰巳鑑三郎率領桑名隊對城上守軍開槍射擊以掩護土方。而秋月登之助率領的傳習第一大隊則進攻城外的二荒山神社（栃木縣宇都宮市馬場通一丁目），守軍於是撥出部分兵力前往城北大手門迎擊秋月隊，在這種情形下僅有六百人守城難以面面兼顧，隨著時間的拉長，愈益凸顯出人力不足的問題。

據宇都宮藩家老縣勇記的日記記載，坐鎮在城內指揮的縣到處走動，新選組砲擊下河原門時，他下令砲手發砲還擊，當傳習第一大隊進攻二荒山神社，他又要到大手門組織守軍予以還擊。不僅如此，縣還要到處視察防線是否有被突破，並且隨時激勵呈現低迷的士氣，為此忙得不可開交。

當日晝八時，城門終於被轟破，齋藤一、永倉新八率領新選組、辰巳鑑三郎率領桑名隊衝進城裡。城內守軍雖有譜代筆頭彥根藩兵在內，不過幕末彥根藩積弱不振，已無幕府初期被稱為「井伊的赤鬼」般強悍，光是此時竟與幕府軍敵對便令人難以置信，過於執著傳統赤備而不引進新式槍砲、不接受西方新式陸軍的訓練使得彥根藩到幕末幾乎成為弱兵的代名詞。東山道大軍監香川敬三及軍監有馬藤太在幕府軍即將攻入前已在縣勇記的請求下先行撤退，擅長劍術的新選組隊士拔刀衝進城裡，桑名隊緊跟在後，在城西南方英巖寺（栃木縣宇都宮市花房本町二丁目，是宇都宮藩主戶田氏的菩提寺）意外救出隨著慶喜謹慎而連帶受到逼塞處分被幽禁在此的前老中首座板倉勝靜。

為爭取香川、有馬撤退的時間，縣率領其餘守軍繼續抵抗，然而在亂軍中宇都宮城燃起熊熊烈火。由於戰鬥還在持續中，雙方誰也不願停下戰鬥來救火，於是任由火舌吞噬宇都宮城。夕七時左右，縣眼見無法守住，遂點起堆積在二丸玄關的乾草，然後趁亂撤出，宇都宮城雖被幕府軍攻下，但幕府軍得到的是一座既無經濟價值又無防禦能力的空城。

守軍除戰死四、五十人外，多數在大火掩護下撤到城外，前宇都宮藩主戶田越前守忠恕退至上野國館林（群馬縣館林市），香川帶著錦之御旗與有馬撤往小山。幕府軍方面大鳥率領的中軍及米田率領的後軍在先鋒隊進攻期間已趕到宇都宮城外，宇都宮城並非他們的目的因而未加入戰鬥，幕府軍只憑秋月登之助、土方歲三、辰巳鑑三郎率領三隊約千人之力攻下宇都宮城。

四、第二回宇都宮城攻防戰

先前新政府軍在小山之戰敗北的消息傳到江戶，大總督府命鳥取藩士河田佐久馬（維新後改名景與）與土佐藩士祖父江可成率領共計五百名鳥取和土佐藩兵前往馳援。河田在古河

（茨城縣古河市）前往宇都宮的途中遇上敗走的新政府軍，在小山遇上撤退到此地的香川敬三，得知宇都宮城幾乎在十九日的戰鬥中焚毀，已失去防禦功能，幕府軍計畫進攻位在附近的壬生城（栃木縣下都賀郡壬生町本丸一丁目）作為據點。河田於是放棄前往宇都宮城，直接前往壬生藩藩廳壬生城，當時壬生藩藩主鳥居丹波守忠寶，是被稱為「三河武士之鑑」的鳥居元忠後裔，然而就與彥根藩一樣，儘管有為德川家盡心盡力的先祖，他們的子孫到幕末卻全部投靠與幕府敵對的新政府軍。

大總督府加派東山道參謀伊地知正治統率薩摩、長州、大垣、忍四藩共五百五十名藩兵以及大山彌助與野津七次（維新後改名道貫）統率薩摩、大垣五百名藩兵前往壬生城，總計前後三次共派出一千五百名左右的藩兵，若再加上撤出宇都宮城的新政府軍以及壬生藩藩兵至少有超過兩千的兵力。

從宇都宮到壬生，橫跨姿川兩岸的淀橋是必經之地，新政府軍下令河田佐久馬率領鳥取和土佐藩兵佈陣在姿川附近的安塚迎戰即將來襲的幕府軍。幕府軍出動秋月登之助率領包含新選組及靖共隊、傳習隊四小隊以及前來支援的會津藩兵共約九百人於廿一日夜從宇都宮城冒著暴雨沿日光街道出發，到雀宮宿（栃木縣宇都宮市雀宮）時轉向朝西行進，廿二日約曉七時半左右兩軍在安塚發生戰鬥。

儘管當天天候不佳，雙方戰鬥依然激烈，不少人在惡劣天候中倒下，據傳習隊隊士淺田惟季的記載「安塚之戰，敵得六分之利，我有四分之不利」。幕府軍戰死約四十五、六人，受傷約七十八人，而新政府軍戰死約六、七十人。

幕府軍攻占壬生城的計畫在安塚之役受挫，不得不撤回宇都宮城。獲勝的新政府軍加上抵達的援軍讓雙方士氣為之逆轉，幾位新政府軍將領決定反守為攻主動出擊，進攻剛被燒過的宇都宮城。

四月廿三日，新政府軍一改被動挨打姿態，主動出擊。新政府軍讓昨日作戰疲憊的河田守城，以大山彌助、有馬藤太、野津七次等薩摩將領率領約七百名以薩摩藩兵為主沿官道北上，到「六道ノ辻」(栃木縣宇都宮市西原一丁目)右轉經報恩寺朝宇都宮城西松峰門進攻。由於宇都宮城防禦能力大減，約有兩千兵力的幕府軍除留下一部分外，其餘全投入野戰。朝五時半左右兩軍相遇，新政府軍起初占了上風，傳習隊隊長秋月和領導新選組的土方先後負傷退出戰鬥，新政府軍因此士氣大振加緊猛攻，不過傳習隊有支分隊繞到新政府軍身後三方包夾，新政府軍為了避免全軍覆沒四處逃逸潰散，此時大約是晝九時。

從市川到宇都宮，由大鳥圭介指揮的舊幕府軍主力部隊及預備隊

趁著休戰的空檔，幕府軍趕緊將負傷的秋月和土方送往日光街道上的今市宿(栃木縣日光市今宿)，新選組隊士島田魁、中島登二人跟隨在旁，此後這兩人一直跟隨土方轉戰各方，直至蝦夷地箱館。

過晝八時，薩摩藩士伊地知正治統率的薩摩、長州、大垣、忍四藩藩兵出現在城北進攻二荒山神社，野津七次兄長七左衛門(維新後改名鎮雄)也率領一隊薩摩藩兵出現在城南，至於敗走的大山隊在遇上河田的援軍後重整隊伍後重回戰場，原本獲勝的幕府軍一時之間陷入三面包圍。

大鳥見狀無心戀戰，隨即下令撤退，沿日光街道往北撤退。在亂軍中二荒山神社起火燃燒，兩軍忙於作戰無心救火，於是據說創建於仁德天皇在位期間(約四世紀中葉)的二荒山神社付之一炬。在第一次攻防戰燒毀半數以上的宇都宮城，在第二次攻防戰又受到祝融之災，上次未燒毀的部分及藩校修道館全部不剩燒光，今日見到的宇都宮城是二戰之後進行的部分重建，另外宇都宮城下亦有兩千戶民宅燒毀。

歷經三次小山之戰及兩次宇都宮城攻防戰，下野、常陸一帶的幕府軍朝日光而去，整個關東地區的幕府軍也只剩下日光、上總木更津真里谷以及上野寬永寺三地而已。筆者在前章以及本章前兩節已介紹新政府軍平定後兩股幕府軍的經過，下一節將介紹位在日光的幕府軍平定的梗概。

五、今市之戰

大總督府於廿三日又任命土佐藩士板垣退助統率迅衝隊前往宇都宮馳援，不過當板垣抵達宇都宮時戰事已結束，因此生力的他成為征討盤據日光幕府軍的當然人選。

幕府軍所在的今市宿，位於日光街道及會津西街道的交界處，前者是江戶時代幕府開拓的五條幹道之一，後者是會津藩對外五條主要街道（另外四條為越後街道、白河街道、米澤街道、二本松街道）中唯一通往關東，對會津藩的重要性不言而喻。

從宇都宮敗退的大鳥一行人於廿四日下午來到日光，隔日全員集結日光，於朝五時半進入東照宮祭拜神君，不少成員首度參拜東照宮，對其鬼斧神工的建築及金碧輝煌的雕飾瞠目結舌。不過，東照宮**別當寺院**（建在神社境內由其管理經營，供僧侶祭祀、讀經、加持祈禱的寺院。基於本地垂迹說演變的神佛習和思想，進入明治時代盛行神佛分離而廢止）大樂院的住職貞佩認為幕府軍的進駐必定會為此地帶來刀光血影，決定為神體和神寶進行遷座。閏四月一日，貞佩果真遷出東照宮的神體和神寶，再於閏四月五日將神體和神寶遷入會津若松城內。

原本幕府軍想盤據日光、今市宿，北倚會津為奧援與新政府軍作戰，無奈幕府軍面臨糧食不繼及彈藥不足的困境，而連結今市宿和會津的會津西街道長達近百公里，過長的補給線讓大鳥圭介與其他將領討論後決定暫時退入會津藩境內的田島（福島縣南會津郡南會津町）。閏四月五日，會津藩家老萱野權兵衛（名為長修）派出同為家老山川重固長男、年僅廿三歲的藩內年輕俊材山川大藏（維新後改名浩）前來迎接。

得知幕府軍主動放棄今市宿，板垣遂率軍占領該地，加上宇都宮城也在上個月為新政府軍攻下，下野幾為新政府軍占有，如此一來新政府軍可同時由日光口和白河口進入會津藩境。為了不讓會津藩面臨兩面作戰，幕府軍在田島獲得十日的休息，並且得到糧食和彈藥的補給後，大鳥和山川大藏率領幕府軍及會津藩兵從田島出發，於閏四月十五日沿會津西街道出發。

大鳥的軍隊編制如下：

總督：大鳥圭介

副總督：山川大藏

第一大隊　四百五十名

傳習隊　隊長：秋月登之助

參謀：松井九郎、工藤衛守

第二大隊　三百五十名

傳習隊　隊長：大川正次郎、沼間慎次郎（維新後改名守一）

第三大隊　三百名

御料兵　隊長：加藤平內

七連隊　隊長：山瀨主馬、天野電四郎

第四大隊　二百名

草風隊　隊長：天野花蔭、村上求馬

純義隊　隊長：渡邊綱之助

會津藩在支援幕府軍前往今市宿作戰的同時，也派出另一支部隊朝東南進攻平安時代以來奥羽三古關之一白河關（福島縣白河市，另外兩個為位於福島縣いわき市勿來町的勿來關以及位於山形縣鶴岡市的念珠關）的白河口之戰（詳情請見第十章）。也在這一日（閏四月廿日），大總督府下奥羽鎮撫總督府參謀世良修藏在仙台藩遭到暗殺，揭開廣義的會津戰爭序幕（詳情請見第八章）。

大鳥軍沿會津西街道通過會津南境隘口山王峠（介於福島縣南會津郡南會津町和栃木縣日光市之間）進入日光，依序經過横川宿、中三依宿、五十里宿、藤原宿、大原宿、高德宿，在進入高德宿下一站大桑宿前的栗原遇上土佐藩和彥根藩組成的新政府軍，此時為閏四月十九日朝五時。前文有提到彥根藩在幕末幾乎成為弱兵的代名詞，兩軍一交戰，戰力貧弱的彥根藩敗走，剩下土佐藩感到獨木難支，也撤退至今市宿的前一宿大桑宿。

閏四月廿一日，大鳥在大原宿和高德宿間的小佐越集結全軍，準備收復為新政府軍奪去的今市宿。大鳥在開戰前做了縝密的布置，他將全軍分為東西兩隊夾擊防衛今市宿的土佐藩兵，在兵力不如大鳥軍且遭受東西夾擊的情況下，新政府軍指揮官板垣退助指揮得宜，率領勇猛善戰的迅衝隊痛擊大鳥軍，原本打算東西夾擊土佐軍結果落得各自逃竄。不僅如此，板垣退助硬是把戰役侷限在今市宿一帶，今市宿以西約七公里遠的東照宮、輪王寺、二荒山神社因而得以秋毫無犯。

失敗的大鳥軍退回至小佐越等待反撲的機會，而日光地區連日暴雨造成發源自中禪寺湖的大谷川氾濫，寸步難行，是以土佐軍儘管獲勝也難以乘勝追擊。雨勢停歇後，大鳥軍在五月一日與新政府軍在今市宿附近發生零星衝突，大鳥圭介連日召開軍評，決定再針對今市宿發動一次總攻擊。

此次作戰以傳習隊第二大隊、第三大隊為主力，再加上會津藩的朱雀隊兩小隊（隊長為田中藏人、城取新九郎）總計約七百餘名，於五月六日清晨從小佐越出發。朝五時來到日光街道大澤宿和今市宿之間的森友，以之為據點進攻今市宿。

防禦今市宿的新政府軍依舊是板垣退助率領的包含迅衝隊在內的土佐藩兵，人數雖只有六百人左右，作戰時略顯頹勢，不過在山地忠七、吉松速之助兩位小隊長英勇的作戰下，大鳥軍完全占不到便宜。接近中午時，大鳥軍增援數個小隊，使得整體兵力超過千人，但局勢並未因而傾向大鳥軍，戰情依舊膠著。

夕七時左右，新政府軍從宇都宮增援土佐藩一小隊及一砲隊，戰況到此終於出現變化。援軍一投入戰場並非前往今市宿解圍，而是朝大鳥軍位在森友的本陣攻擊，坐鎮本陣的大鳥、山川兩位正副總督，面對不斷射來的砲彈，不禁倉皇失措的逃離本陣。

攻下敵軍本陣！

這一消息傳到今市宿的大鳥軍，大鳥軍失去作戰意志，紛紛退回小佐越，勝負到此底定。幕府軍兩次出兵欲奪回今市宿的作戰，最終功敗垂成。儘管與今市宿之戰同時的白河口之戰還在持續進行，不過該役是新政府軍越過白河口去攻擊會津藩的戰役，今市之戰結束後，整個關東地區除上野寬永寺的彰義隊還在頑強抵抗外，已幾乎不見幕府軍的行蹤（彰義隊也在十日後遭到剿滅)。

閏四月廿日和五月六日進行兩次今市之戰，立下最大戰功當屬新政府軍的板垣退助，兩次戰役不僅以寡擊眾擊退來犯的幕府軍，而且有效將戰場範圍控制在今市宿以東的地區。今市宿以西——特別是今日日光市山內地區——是世界遺產「日光的社寺」的所在地，倘若該地受到戰火的洗禮摧殘，恐怕輪王寺的大猷院靈廟本殿和東照宮陽明門等國寶便跟著斷送。

昭和初年，政府認定板垣立下守護日光山的功績，聘請與板垣同鄉的雕刻家本山白雲在日光二社一寺的入口處神橋雕刻一座板垣的銅像，筆者在前作曾提到位於高知市桂濱坂本龍馬銅像亦出自本山之手。迄今為止日本各地的板垣銅像中，以下四座較為有名：

(1)高知縣高知市高知城登城口
(2)栃木縣日光市上鉢石町神橋
(3)岐阜縣岐阜市大宮町一丁目岐阜公園
(4)東京都千代田區永田町一丁目國會議事堂中央廣間

(1)是板垣的出生地；(2)是此次今市之戰；(3)是板垣在征韓論下野後投身自由民權運動，於明治十五年在岐阜市遭難（可參照前作第二部第十九章第七節）；(4)是總結板垣在自由民權運動的成就，將其與伊藤博文、大隈重信並列在國會議事堂中央廣間的三個角落（第四個角落空缺），肯定他們三人對日本憲政發展的貢獻。

這四座銅像只有位在日光神橋的那座呈現出青年板垣的活力，其餘三座均是留著長鬚的老態龍鍾造型。

六、前進會津

本章介紹的戰役大抵上幕府軍敗多勝少，雖然之後大鳥圭介仍不死心，還在會津藩與下野國的邊境持續作戰，但仍改變不了幕府軍節節敗退、新政府軍處處進逼的事實。由於在關東幾無幕府軍立足之地，不願降伏新政府的幕臣只有北走一途，從四月起，歷經閏四月、五月到六月不斷有幕臣、旗本及御家人湧進會津，會津於是成為幕臣們北上的落腳處。不管是前老中首座板倉勝靜，或是前陸軍奉行松平太郎、前步兵奉行大鳥圭介，或是新選組鬼副長土方歲三都來到會津，希望能在會津穩住陣腳，止住接連而來的敗仗。

為何多數幕臣選擇前往會津呢？會津在當時奧羽又占有什麼樣的地位呢？幾乎一路挨打的幕府軍到了會津是否能夠扭轉頹勢呢？奧羽諸藩又是如何看待戊辰戰爭呢？奧羽諸藩會如何選擇在戊辰戰爭扮演的角色呢？這些問題是筆者在第八章的主要內容。

豆知識

沖田總司的一生

筆者在第三章提到近藤率領甲陽鎮撫隊在甲斐勝沼之戰為板垣退助擊敗，近藤勇率領殘兵先是退往八王子，然後再將包括沖田總司在內的負傷隊士帶到今戶八幡附近的稱福寺接受明治時代首任軍醫總監的松本良順治療。筆者在前作曾提到沖田在元治元年六月五日「池田屋事件」時因為吐血而失去表現的機會，導致當時沖田吐血的原因是他罹患了俗稱肺癆的肺結核，此後新選組重要活動幾乎不再有沖田的身影（即便有也只是輔助性質）。上野戰爭結束後，總司的一生已到盡頭，因此筆者藉由本章結束後的豆知識向讀者簡單介紹新選組成立時主要成員之一沖田總司短暫的一生。

天保十五（一八四四）年，總司生於位在江戶的白河藩下屋敷（東京都港區西麻布），一說總司生於天保十三年，不過目前的沖田傳記多採天保十五年說。日後近藤對外宣稱沖田是奧州白河浪人，這種說法其實並不完全正確，總司生父在其出生時已經脫藩，總司幼年已遷至日野宿名主佐藤彥五郎家附近，而佐藤彥五郎正是日後土方歲三的姊夫。

根據沖田家文書記載，沖田總司幼名總次郎，也寫作宗治郎、宗次郎、惣次郎。總司幼時父母俱亡，在總司之上有名為光和 Kin 兩個姊姊，總司和光以及 Kin 差距約十歲和七歲，因此光和 Kin 身兼父母職帶大總司。光在佐藤彥五郎的主持下招贅八王子千人同心出身的林太郎為夫婿以繼承沖田家，林太郎生家即日後與近藤、土方和總司一起前往京都加入浪士組的井上源三郎。

井上源三郎及其長兄井上松五郎都在當地有名的劍術流派天然理心流道場試衛館（東京都新宿區市谷柳町）習劍，是天然理心流第三代宗主近藤周齋的門徒，與日後周齋收的養子——未來第四代天然理心流宗主——近藤勇（當時叫宮川勝五郎）熟識。總司因姊夫林太郎之故，九歲便進入試衛館拜在周齋門下學習天然理心流，與近藤、土方、井上成為同門，他們四人有著如縷不絕的關係，但簡單說來他們都是近藤周齋的門徒，彼此之間有著同門情誼。

總司小土方九歲（採天保十五年的說法），小近藤十歲，小井上十五歲。當他入試衛館學習劍術時，除土方還在多摩地方兜售家傳的跌打傷藥外，近藤和井上都已入門習劍多年，近藤更已在總司習劍的三到五年前取得免許皆傳的資格，並為宗主近藤周齋收為養子。

總司雖然年幼入門，但是很快便展現出驚人的劍術天賦，在道場進行竹刀**稽古**（藝能、劍術、武術、技術的學習或練習）時，連近藤、土方都不是總司的對手，特別是總司的絕技三段突刺，以快如鬼魅的速度直搗對手的頸項，常人根本無法招架。據說總司十二歲時曾與白河藩劍術指南比試獲勝，比《五輪書》作者宮本武藏初次決鬥還小一歲。不到二十歲已晉昇試衛館塾頭，比坂本龍馬、武市半平太、桂小五郎都還要年輕。在宗主近藤周齋眼裡，總司足可自成一派，甚至在江戶開設道場也不是問題，不過總司似乎沒有這方面的野心，能夠和近藤、土方、井上等人在試衛館習劍已是總司最大的滿足。

然而，幕末的驚濤風雲卻將總司這一心思單純的年輕人推上歷史舞台。文久三年二月，近藤響應浪士組的徵募，帶著土方、井上、總司等同門以及試衛館的食客山南敬助等人啟程前往京都。養育總司的姊姊光從未與總司離別，在臨行前懇求近藤、土方務必關照這位年紀小他們近十歲的弟弟。

扣除掉跟隨清河八郎折回江戶的浪士，在京都的浪士組以壬生村八木邸為屯所，儘管浪士組不久便陷入芹澤鴨和近藤勇的對立，不過對於權位不忮不求的總司經常被發現在八木邸對面的壬生寺和附近的孩童遊玩。當近藤、土方覺悟到非用暗殺不可的手段才能除去芹澤時，他們最先想到的人選便是總司，總司雖不認同近藤、土方以暗殺手段除去芹澤，但是他的加入無疑增加暗殺芹澤成功的可能性。果然有總司的加入，近藤得以順利除掉芹澤，成為新選組唯一的局長。

不過，當年號從文久改為元治，總司的咳嗽開始變得頻繁。一開始，近藤和土方都以為總司染上風寒，雖然口頭上提醒總司要就醫，但繁忙的隊務總讓他們最後不了了之，如果姊姊光人在京都，她一定會讓總司盡早就醫。到文章開頭提的池田屋事件讓新選組一戰成名，總司卻因為長時間的咳嗽而嚴重吐血，以至於在與松陰四天王之一吉田稔麿決鬥時昏厥。

儘管總司中途昏厥，仍難掩新選組在池田屋事件一戰成名的事實，在之後禁門之變新選組又成功協助會津藩擊退率兵前來的長州藩，因此得到來自於天皇、幕府及京都守護職的賞金。對於大多數新選組隊士而言，拿到賞金不是前往祇園包下遊女一擲千金，不然就是連夜痛飲直到爛醉為止。總司與土方一樣，是新選組裡少數面對美女和佳釀都能把持得住的人，不過人稱鬼副長的土方，年輕時在其出生地日野留下不少風流帳，到京都後或許是心智上的成熟，抑或是繁忙的隊務之故，女性關係已沒有在日野時的複雜。不過據土方自己寫給友人的信件內容，他在島原和祇園與五、六位女性有著深刻(肉體？)的關係，只有總司可說是新選組唯一不流連忘返於遊廓的隊士。

由於在池田屋內昏厥，因此總司被會津藩派出的大夫診治，根據診斷結果，總司確定罹患肺癆。在當時肺癆幾乎等同絕症，一旦染上立刻會被隔絕，然後孤獨地等待死亡到來。之後總司被大夫要求靜養，造成他長時間脫離新選組，不過，在元治元年新選組因應《軍中法度》擴編規模時，土方毫不考慮的在一番隊組長寫上總司的名字並任命他為擊劍師範，在十隊組長中只有齋藤一、藤堂平助與總司同年。

以一番隊組長任命為分界點，之後總司幾乎缺席新選組的大型活動，元治二年二月在近江草津帶回脫隊的總長山南敬助，並擔任其切腹的介錯大概是總司之後較有名的行動。山南在劍術上的造詣明顯不如總司，不過其豐富的學識、恢宏的氣度以及寬厚的性格贏得總司打從內心的景仰。

慶應三年起總司病情加重，近藤將他安置在小妾的住處靜養，如此一來近藤每次前往小妾住處飲酒作樂便能就近探病。油小路事件隔日，逃脫的御陵衛士成員阿部十郎、內海次郎等三人打聽到近藤小妾住處而前來尋釁，若是往昔健全的總司，以一敵三孰勝孰負猶未可知。不過已經病入膏肓的當下，總司連拔刀決鬥的力氣也沒有，只得在小妾的攙扶下一路逃到伏見奉行所。

半個月後的鳥羽．伏見之戰，總司想當然耳與遭到襲擊的近藤都不可能出戰。戰役結束後，總司先是跟著近藤撤往大坂，然後再與近藤及其他新選組隊士循海路撤回江戶，與睽別近五年的姊姊光重逢。回到江戶後總司先是被安置在稱福寺接受松本良順的治療，不久又轉移到松本良順安排位在千駄谷植木屋平五郎的宅邸療養。

儘管有著松本悉心的治療，前新選組隊士也不時會來探病，還有光無微不至的照料，總司病情始終不見好轉。包括總司在內所有人都知道：總司不可能復原了，能做的只是延後死亡的到來。隨著時局不利，新選組在江戶已無立足之地，連最常前來探望的土方也消聲匿跡，儘管松本和光善意欺騙總司說土方去執行任務，然而，再怎麼遲鈍的人也不可能不知道土方銷聲匿跡的真正原因。

五月三十日，總司在不知道近藤已遭斬首的情形下於植木屋嚥下最後一口氣，得年廿五歲(或廿七歲)。總司的一生沒有與任何異性有過纏綿悱惻的情愛，自然也沒有後嗣。或許是早有自己不會長命的預感，總司總是表現出恬淡寡欲、不與人爭的樣子，從目前僅流傳一張的畫像來看，似乎還滿符合總司恬淡寡欲的性格。

總司埋骨在專稱寺（東京都港區元麻布三丁目），戒名為「賢光院仁譽明道居士」，現今由民間人士組成的「新選組之友會」會在每年7月舉行沖田總司忌祭拜總司（該會亦有近藤勇忌、土方歲三忌）。

第八章

成立奧羽越列藩同盟

一、玉蟲左大夫與萬延元年遣美使節團

鳥羽・伏見之戰結束後，新政府軍從上方之地兵分三路逐漸進逼關東，筆者已在第三、五、六、七諸章敘述，在此不再贅述，筆者本章內容著重在鳥羽・伏見之戰期間及之後奧羽諸藩的動向，對此作一敘述。

當鳥羽・伏見之戰正進行得如火如荼的一月四日，曾是土佐勤王黨成員之一土佐藩士大橋慎三（土佐勤王黨上的署名為橋本鐵猪）向時任參與岩倉提出建白，建議朝廷向仙台、秋田、米澤等奧羽大藩下令，命其征討會津。當時新政府全部心力都放在鳥羽・伏見之戰

上，這場戰役能否獲勝猶未可知（一月四日尚未祭出錦之御旗），向仙台、秋田、米澤等大藩下令征討會津實乃奢談，因此大橋的建白不被採納並不令人意外。

不過，岩倉不採納大橋的建白是因為當時新政府自顧不暇，並不表示新政府就此放過會津。鳥羽．伏見之戰結束後的一月十七日，朝廷獨自向當時的仙台藩主伊達慶邦下令征討會津，同時下令秋田、盛岡、米澤三藩協助仙台藩。在江戶時代大部分時間裡，以仙台城為藩廳的仙台藩石高為六十二萬五千石，不僅穩居奧羽地方第一大藩（該區第二大藩會津藩石高不及其半），在全國也僅次於北陸地方的加賀藩及九州的薩摩藩位居第三。至於秋田（也稱為久保田藩）、盛岡、米澤三藩，其石高分別為二十萬五千八百石、十萬石（二十萬石格）、十五萬石，都是奧羽地方屈指可數的大藩。

奧羽地方位於偏遠之地，不但遠離京都、江戶等政治中心，也遠離外國船隻所到之港灣，因此難免給人貧窮落後的印象，這種印象大致上沒有錯，只是並非絕對。仙台藩士玉蟲左大夫（名為誼茂）於安政七（一八六〇）年一月廿二日作為日美修好通商條約批准書交換使節團七十七名成員之一，與正使新見豐前守正興、副使村垣淡路守範正、監察小栗忠順（以上皆為幕臣）、通譯中濱萬次郎（土佐）、福澤諭吉美國軍艦波哈坦（Pawhatan，培理第二次來日即以此船為旗艦）號橫渡太平洋前往美國，軍艦奉行並木村攝津守芥舟（名為喜毅）搭乘咸臨丸護衛波哈坦號上的使節團成員，木村下屬勝海舟則為咸臨丸船長。

為何非幕臣的仙台藩士玉蟲左大夫會被選上此次使節團成員呢？

左大夫於文政六（一八二三）年生在一個俸祿一百五十石的藩士家庭，兩歲時生父去世，左大夫幼年由長兄兼父職撫養長大，上頭有六位兄長的他不太可能有機會繼承家業。左大夫自幼即以聰穎著稱，進入藩校養賢堂後成績優異受到矚目，而為缺乏子嗣的同藩藩士收為養子以繼承其家業。不過，左大夫髮妻早逝，左大夫遂與養父解除養子關係，並脫藩前往江戶進入湯島聖堂就學，此時值弘化三（一八四六）年，左大夫廿四歲。

在仙台藩校表現優異的左大夫，進入湯島聖堂後更是如魚得水，未幾便為大學頭林復齋任命為塾長，可代替復齋在湯島聖堂講授課業，不難看出左大夫學識的淵博。由於林復齋曾代表幕府與培理簽訂《日美和親條約》（即《神奈川條約》），因此左大夫儘管並非幕臣，但循林復齋前例成為使節團成員也就不令人意外。

此一萬延遣美使節團（航行途中遇上改元萬延，故以新年號稱之）於一月廿二日從橫濱港出發，途經夏威夷而在舊金山靠岸，之後南下中美洲在尚未完成地峽的巴拿馬上岸，換乘船隻繼續北上於閏三月底抵達美國東岸。數日後拜見美國第十五任總統布坎南（James Buchanan，其後任即為林肯），完成日美修好通商條約的互換。

在當時國務卿卡斯（Lewis Cass）的安排下，使節團參觀國會大廈、海軍天文台等華盛頓特區代表性的建築物，進而足跡遍及巴爾的摩、費城和紐約。五月十二日，使節團搭乘美軍為他們準備的軍艦尼加拉（Niagara）號從紐約出發，橫渡北大西洋到葡萄牙然後沿西北非和西非南下繞過南端的好望角進入印度洋，再穿過印度洋進入荷領巴達維亞，於萬延元年九月廿七日回到品川沖。

左大夫將這八個月的紀聞寫成多達八卷的日記《航米日錄》。《航米日錄》有一段非常有趣的記載，尼加拉號沿西非南下的同時，船上也陷入淡水逐漸用罄的局面。雖然尼加拉號只是沿著西非海岸線南下，並未遠離非洲大陸，只是當時非洲極度落後，難以對淡水進行補給。尼加拉號船長只好限制包括使節團在內的成員平日用水，代之以提供啤酒作為平日飲用水。左大夫離日搭乘波哈坦號時已品嘗過啤酒，當時左大夫對飲用啤酒的感想是「苦味但足以潤口」，正是潤口這一特性得以支撐使節團成員安然度過淡水不足的難關。

有了這段歷時約八個月的出訪，左大夫眼界大開，見識不僅遠勝盲目攘夷的諸藩藩士，即便與日本為數不少的蘭學者相比也未必不如。因為蘭學者或許在蘭學領域勝過左大夫，不過多數蘭學者終其一生從未離開日本，其蘭學知識的來源侷限於書本上，不見得比親自到過外國滯留一段時間的左大夫了解得透徹。

這次出訪讓左大夫聲名大振，返回日本後為仙台藩重新聘用，協助首席家老但木土佐（名為成行）。一月十七日，朝廷向仙台藩主伊達慶邦下令征討會津，與其他藩一樣，家臣團出現兩種意見，家老遠藤允信、重臣三好監物（名為清房）主張應順從朝廷命令，主動進攻會津藩；首席家老但木土佐反對，提出四點援助會津、反對薩長的理由：

一、鳥羽．伏見之戰乃是倉促紛擾間出現的戰役，難以斷定何者先進攻，儘管之後幕府與會津藩成為逆賊、朝敵，不過仍不應主動進擊。

二、德川在這二百數十年來的功勞甚大，而十五代將軍慶喜也已歸還政權，沒有追討的必要。

三、長州藩在禁門之變向御所開砲而成為朝敵，是因一時的錯誤，之後得到赦免而允許入京。既然赦免長州，視會津為朝敵便不合理。

四、若日本陷入內亂，各國斷不會置之不理，只是不知會採取何種方式，不可不防。

以上四點雖是但木土佐對伊達慶邦提出的建言，實際上很有可能是出自玉蟲左大夫之手。

二、奧羽鎮撫總督進入仙台

筆者在第三章提到二月九日成立東征大總督府，同時納入鳥羽・伏見之戰期間任命的北陸道、東海道、東山道三道鎮撫使，此外還新成立奧羽鎮撫總督府。奧羽鎮撫總督府以澤為量為總督、醍醐忠敬為副總督(皆公卿出身)，以薩摩藩士大山格之助、長州藩士世良修藏為參謀。十五日起，北陸、東海、東山三道鎮撫使陸續率軍東下，離京都最遠的奧羽鎮撫總督府，賦予的使命為征討會津、庄內二藩。征討會津是長州為了報文久三年八・

一八政變以來一連串的仇恨，相信有讀過前作的讀者都知道長州和會津的仇恨結得非常深；那麼為何征討庄內？其實原因與會津一樣，會津統轄著維持京都治安的京都見廻組及新選組等組織，庄內則是統轄維持江戶治安的新徵組。

不過，當時奧羽諸藩尚未公開與朝廷敵對，但若能盡早派出鎮撫使前往遊說，為新政府爭取有利的盟友倒也不是不可能。

如此一來，奧羽鎮撫總督人選扮演重要的關鍵，他不見得要有傑出的能力，然而家世不能過於寒酸，澤為量出身公卿家格最低的半家，在仙台藩主面前顯然不具分量。因此朝廷於廿六日改命九條道孝（亦名道隆）任奧羽鎮撫總督，九條道孝不僅時任左大臣，出身公卿最高階的攝家，此外他還是英照皇太后（孝明天皇女御九條夙子）的同母弟。根本不是半家出身的澤為量所能望其項背，成為家格最高的鎮撫總督，澤為量澤被降為副總督，原為副總督的醍醐忠敬則被降為參謀。

從任命九條為奧羽鎮撫總督一事可看出新政府多麼希望可以不戰而屈人之兵，派出家格最高的公卿勸說奧羽諸藩歸降新政府。可惜事與願違，奧羽地方不僅未能不戰而降，反而還組成一個幾乎囊括奧羽諸藩的大同盟與新政府軍作戰，使新政府軍與幕府軍的戰火從關東延伸至奧羽大地上。

三月二日，九條總督、澤副總督等一行約五百餘人離開京都前往大坂，在大坂搭乘船艦朝仙台而去。十九日在今俳聖松尾芭蕉詞窮的松島灣上岸，當晚在今日松島博物館旁的觀瀾亭過夜。觀瀾亭是歷代仙台藩主賞月、賞景以及接待藩主貴賓的私人設施，是欣賞「日本三景」（另外兩個為天之橋立及宮島）之一松島景色絕佳之地。翌日，伊達慶邦在觀瀾亭專門接待藩主貴賓「御座之間」設宴款待九條總督、澤副總督及大山、世良兩位參謀。「御座之間」四周障子腰板皆貼有金箔，此外還有狩野派**障壁畫**（在障子、屏風、襖等其上作畫稱為障屏畫，在壁面上作畫稱為壁畫，兩者合稱障壁畫。現今南禪寺、智積院、大覺寺、二條城、西本願寺均留下障壁畫作品，狩野派即是擅長障壁畫的畫派）畫在障子門上，床之間上方有五代藩主伊達吉村揮毫的墨寶「雨奇晴好」匾額，此句出自蘇東坡《飲湖上初晴後雨》詩：

水光瀲灩晴方好，山色空濛雨亦奇。

欲把西湖比西子，淡妝濃抹總相宜。

廿三日，九條總督一行抵達仙台，未徵得藩主同意逕自以藩校養賢堂為本營，此舉形同強占，令仙台藩主及家老重臣深感不悅。令仙台藩主及家老重臣感到不悅的還有兩位參謀當場責難重臣但木土佐、坂時秀（名為英力）兩人為何至今仍未征討會津，對仙台藩而言，征討會津茲事體大，不是朝廷一紙命令下來說出征便能出征。

朝廷這些對世事一無所知的少爺們把事情看得過於簡單。

在兩位參謀咄咄逼人的責難下，仙台藩主及重臣們與奧羽鎮撫總督一行人不歡而散，種下日後雙方兵戎相見的惡因。

其實，在九條總督抵達松島灣的前一日，藩主伊達慶邦已採納但木土佐不出兵進攻會津的意見，並以左大夫為使者將仙台藩的意見傳達給會津。當時松平容保先是辭去藩主之位，繼之又成為朝敵，他最擔心在新政府軍攻來之前，朝廷先對奧羽諸藩下令進攻會津。

因此，奧羽地方最大藩仙台藩的動向成為指標，如果仙台藩接受朝廷的命令，其他藩多半也會跟進；如果仙台藩不接受，會津便能全力防範新政府軍的進攻。

得知左大夫帶來的是仙台藩拒絕接受朝廷的好消息，容保雖是待罪之身依舊堅持接見左大夫。容保從左右口中得知左大夫好酒，親自斟了一大杯賜給左大夫，左大夫見狀說道：

外臣厭惡大杯（音同大敗），請賜以小杯（音同勝算）。

容保對左大夫的反應機智感到佩服，容保當然不會真的賜以小杯，改贈備前國長船派名刀匠長光打造的太刀。附帶一提，長光的作品中最有名的一把即是目前珍藏於東京國立博物館的國寶「大般若長光」。

雖然首次見面不歡而散，大山、世良兩位參謀仍不斷催促，廿九日奧羽鎮撫總督府向仙台、米澤二藩下令討伐會津。

大山、世良兩位參謀自以藩校養賢堂為本營以來，動輒對仙台藩主及一般藩士擺出高姿態。「上有所好，下必甚焉」，大山、世良如此，跟隨九條總督前來仙台的其他薩長藩士都是以征服者態度自居，視仙台藩為被征服者，經常喝到爛醉而為仙台藩士打從心裡瞧不起。在朝命不容抗拒以及仙台藩內也有家老遠藤允信、重臣三好監物勸說順從朝廷之命討伐會津藩，伊達慶邦只得放棄原先的承諾下令聚集藩兵討伐會津。

四月十一日，伊達慶邦自任總大將，在仙台城下聚集約八千名藩兵，接受九條總督授予代表官軍的錦之御旗，白石城(宮城縣白石市益岡町益岡公園內)主片倉小十郎(名為邦憲)率領兩千先鋒於十九日進入郡山(福島縣郡山市)，會津已近在眼前。而九條總督於十二日下令澤副總督與大山參謀率領薩、長、福岡等五百餘名新政府軍前往出羽國新庄(山形縣新庄市)，作為征討庄內藩的基地，九條總督本人則坐鎮岩沼(宮城縣岩沼市)。

三、白石列藩會議

與仙台藩主聚集八千藩兵於仙台城下同日，仙台藩派出使者若生文十郎抵達會津。儘管仙台藩不得不順從朝廷命令征討會津，然而，事實上新政府軍平定關東在即，關東一旦平定便立即揮軍北上征討會津，若生希望會津能主動向新政府軍降伏，以保全會津藩。

若生希望此次會津處分能像四年前第一次長州征伐那樣，雖然大軍壓境，最後的處分輕輕放下。於是若生提出會津藩降伏三條件：

(1)領地削減。

(2)藩主父子謹慎。

(3)首謀家臣處以死罪。

若生留下三條件讓會津君臣自行討論，然後返回仙台徵得包括九條總督、澤副總督、參謀以及藩主的同意。

公卿出身的九條總督對於征戰討伐不感興趣，一聽到有不戰而屈人之兵的方法，立即點頭同意。仙台藩主因藩財政吃緊不願出兵討伐會津，也同意若生的提議。若生的會津降伏三條件雖說是先斬後奏，其目的在於以極小代價(數名家臣處以死罪)換取免於戰爭，在未通知人在新庄、白河的大山、世良兩位參謀的情形下自行前往會津。

會津藩士對於處分三條件前兩條並無意義，至於第三條「首謀家臣處以死罪」則無法取得共識。多數藩士認為鳥羽・伏見之戰的關係者多半已戰死，生存者中也有如神保修理切腹負責，不應再繼續追究其他人。四月廿九日，會津藩修書向鎮撫總督府哀求的嘆願書在仙台與會津國境交會處附近七宿（宮城縣刈田郡七宿町，分別為：上戶澤、下戶澤、渡瀨、關、滑津、峠田、湯原）之一的關宿，由家老梶原平馬及隨從伊藤左大夫、河原善左衛門遞給到來的仙台藩家老但木土佐及米澤藩重臣木滑要人、片山仁一郎、大瀧新藏等人。這兩藩家老、重臣都把會津戰爭定位為私鬥，不願讓吃緊的藩財政虛耗在無異議的私鬥上，於是帶著會津藩的嘆願書於閏四月四日返回岩沼向鎮撫總督府報告。

仙台、米澤二藩之舉形同否決鎮撫總督府，原本看來有望成行的會津征伐也因而中止。但木返回白石城後先對藩士出示會津藩嘆願書，藩士幾乎都希望能對會津做出寬大處置。但木於是和米澤藩重臣商量，決定以仙台、米澤二藩家老名義於閏四月十一日召集奧羽諸藩家老前來白石城會商，商討對會津藩嘆願書的處置態度。

閏四月十一日當日，來了二本松、湯長谷、棚倉、龜田、相馬中村、山形、福島、上山、一關、盛岡、三春、矢島等十二藩，再加上仙台、米澤二藩共有十四藩。這些藩多半

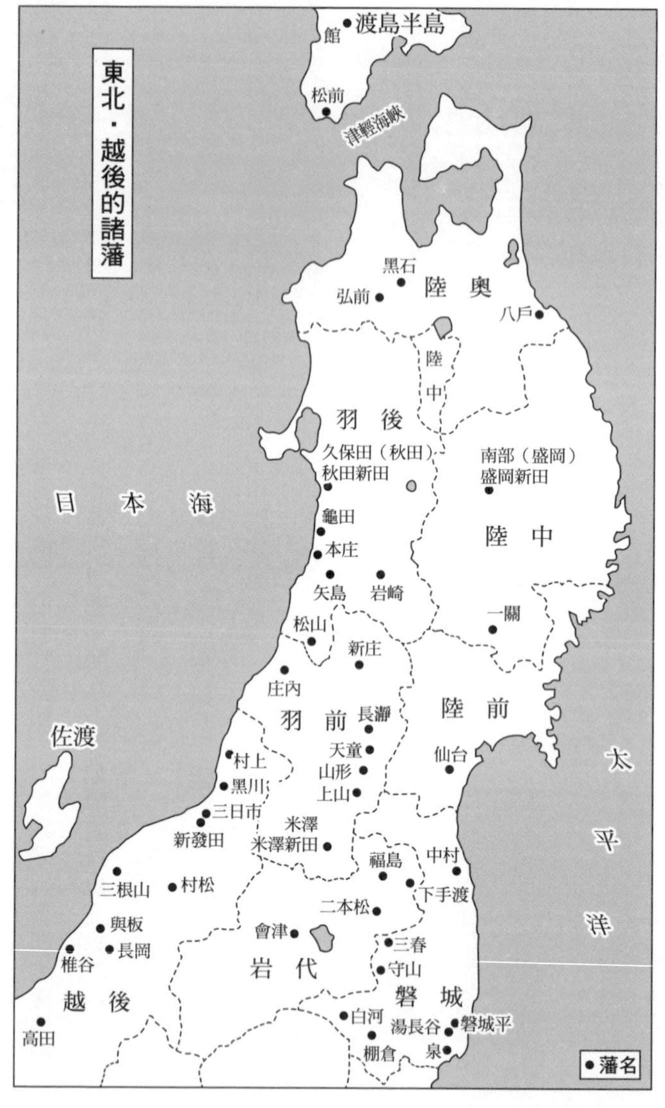
東北·越後的諸藩
渡島半島
館
松前
津輕海峽
黑石
陸奥
弘前
八戶
陸中
羽後
久保田（秋田）
秋田新田
南部（盛岡）
盛岡新田
日本海
龜田
本庄
陸中
矢島
岩崎
一關
松山
新庄
庄內
羽前
長瀞
陸前
佐渡
天童
村上
山形
仙台
太平洋
黑川
上山
三日市
米澤
新發田
米澤新田
福島
中村
三根山
村松
下手渡
二本松
與板
會津
三春
長岡
椎谷
岩代
守山
越後
磐城
白河
湯長谷
磐城平
高田
棚倉
泉
藩名

位在陸奧國中、南部，亦即仙台、米澤二藩周遭，有些藩如松前藩因為距離的關係趕不上，有些藩如新庄藩、庄內藩則和新政府軍交戰中而不克前來。到場十二藩無一例外主張對會津藩應寬大處置，對會津藩寬大處置遂成為凝結奧羽諸藩的共識，與會的十四藩擬向奧羽鎮撫總督府呈上為會津藩的辯解書。閏四月廿三日，又有十三藩來到白石城，包含上次與新政府軍作戰而未能到場的庄內、新庄藩，其他尚有久保田、弘前、守山、八戶、磐城平、本莊、泉、下手渡、天童、米澤新田、黑羽（位於下野國那須郡，唯一不在奧羽境內的藩）等十一藩，這十三藩同樣主張對會津藩寬大處置，連同前些日子的十四藩總計奧羽地區共有廿七藩表態寬大處置會津。至於與會津藩締結軍事同盟（詳情請參第六節）的庄內藩雖與新政府軍交戰獲勝，但藩內多處大火而缺席這場會議。

上述廿七藩，除守山、棚倉、山形、福島、上山、磐城平、泉等藩外皆為外樣，而且除仙台、久保田、盛岡、米澤四藩外，皆為石高十五萬石以下的藩。閏四月十一日及閏四月廿三日兩次白石列藩會議，幾乎所有奧羽諸藩均表態寬大處置會津，但由於第二次白石會議時已發生奧羽鎮撫總督府參謀世良修藏暗殺事件（請參第五節），奧羽諸藩與奧羽鎮撫總督府的關係降到冰點，與新庄、庄內二藩交戰失敗更讓總督府為奧羽諸藩看輕。不管奧

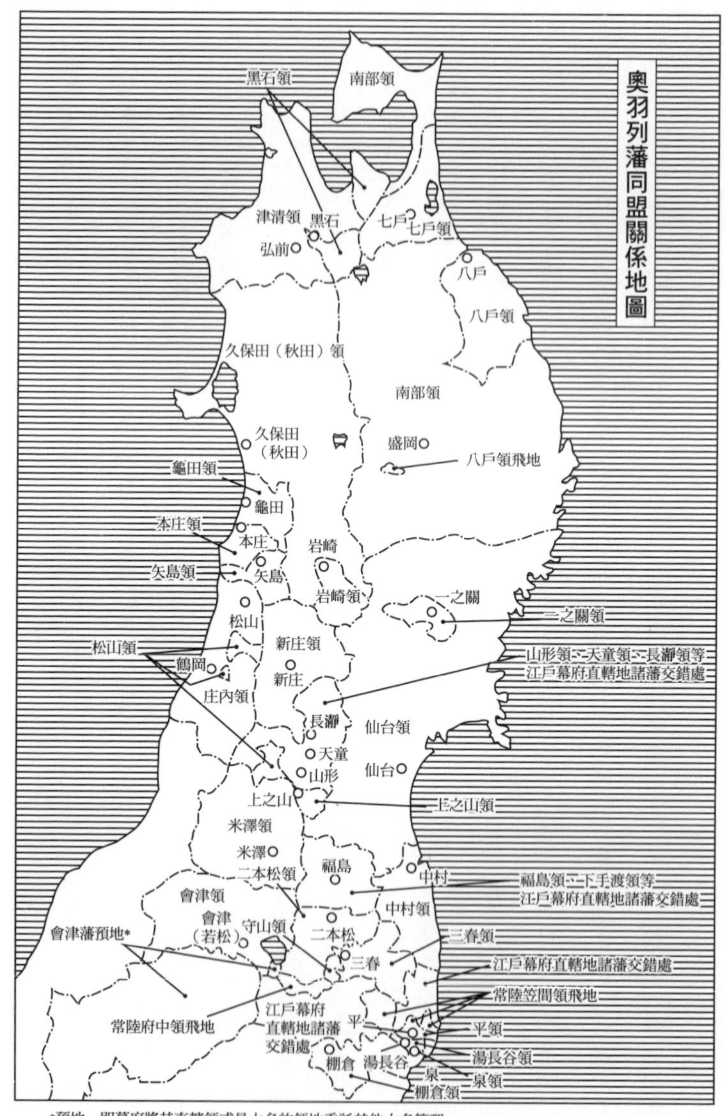

*預地，即幕府將其直轄領或是大名的領地委託其他大名管理。

羽諸藩是否出自一致的利益，或者只是各有打算，白石會議後（正確說來應該是兩次白石會議期間）奧羽諸藩結成同盟對抗新政府軍的傾向愈益濃厚，仙台、米澤二藩充分利用奧羽諸藩厭戰的心理，以反對征伐會津藩之名有結成奧羽諸藩一大同盟的意圖。以解救會津藩為目的的白石會議進入五月遂發展成奧羽諸藩甚至是奧羽越列藩同盟，即筆者將在第六節談及的內容，孤立無援的鎮撫總督府稍有不慎即有遭致奧羽諸藩同盟剿滅的危機。

四、會津藩的軍制改革

這節筆者先跳出本章敘述的內容，先向讀者介紹松平容保在二月廿二日回到會津藩後做出的軍制改革。

會津藩在整個江戶時代都沿用**長沼流**（江戶初期信濃松本藩士長沼澹齋創始的兵學流派，除《孫子兵法》外也重視戚繼光《紀效新書》及茅元儀《武備志》兩部明朝兵書，與同時山鹿素行的山鹿流並稱新兵法學雙璧，為尾張、會津、仙台、津等藩採用）兵學，兵器上則火繩銃隊與槍隊並用。長沼流兵學是十七世紀末葉的產物，火繩銃與槍是更早時期的兵器，採用已不符合時代需要的戰術，並配上過時的兵器，雖有為將軍、為幕府效命至死的會津士魂，整體戰力仍遠遠不如新政府軍薩、長等藩。

四境戰爭期間十萬上下幕府軍竟然被不到一萬的長州軍打得一敗塗地，幕府痛定思痛之際，於慶應三年二月透過會津藩在長崎購買超過四千三百挺普魯士製造的德雷賽槍（Dreyse needle gun），據說這種槍枝被用在普魯士統一德國發動的戰爭（1864年普丹戰爭、1866年普奧戰爭以及1870年普法戰爭）中作為主要武器。其中三千挺分配給紀伊藩，會津藩只得到約一千挺左右，不過這些槍枝還未運送出境，鳥羽．伏見之戰已經結束，在整個戊辰戰爭中似乎也沒有使用德雷賽槍的記載。

根據山川健次郎撰述的《會津戊辰戰史》提到：

> 鳥羽．伏見之戰時，我軍未持鐵砲者甚多，……故交戰之時只能在旁觀望。此外，

番頭（原指中世紀負責徵收年貢的地方上有力農民，江戶時代專指幕府旗本編制，如小姓組、書院番、新番、大番、小十人組的指揮官。至於諸藩警備部門首領亦可稱為番頭，

遇上戰事則成為戰場指揮官）隊有六十老翁，亦有年僅十五、六的少年，因此全隊步調難以整合劃一，此皆堪憂之事，藩制改革的最大理由在此二條。

三月十日起，會津藩著手推動軍制改革，廢除傳統長沼流兵學，改採幕府採用的法國軍制。此時的藩主雖為松平喜德，但他年僅十四歲，實際上推動改革的應該是前藩主松平容保。容保將全藩藩士按年紀作成如下編制：

玄武隊——五十歲以上的男性，人數約四百人，作為預備隊。

青龍隊——三十六歲到四十九歲的男性，人數約九百人，任務為守護國境。

朱雀隊——十八歲到三十五歲的男性，人數約一千二百人，是實際作戰主力。

白虎隊——十六、七歲的男性（後來加入十三到十五歲的成員），人數約三百餘名，負責偵查工作。

這四隊每一隊依隊士的家格出身，可再細分為為士中隊、寄合組隊、足輕隊，四隊總計約二千八百人。另外又徵募農兵約四千人，連同上述四隊共約七千人，這是會津藩全部兵力，幾個月後的會津戰爭會津藩便以這些兵力與排山倒海而來的新政府軍（包含倒戈加入新政府軍的奧羽諸藩）作戰。

日後發生會津戰爭時，甚至連武家女性也組成娘子軍與新政府軍交戰。

五、奧羽鎮撫總督參謀世良修藏暗殺事件

前文已提過奧羽鎮撫總督府雖以九條道孝為總督、澤為量為副總督，但這兩人皆出身公卿，對於行軍作戰並不擅長，因此實際上征討的戰術戰略由薩、長出身的參謀大山格之助以及世良修藏負責。

自鳥羽．伏見之戰以來新政府軍所到之處幾乎是戰必勝、攻必克，接連的勝仗使得新政府軍在心態上愈益輕蔑幕府軍。出身新政府軍核心薩、長二藩的兩位參謀來到對西方的認識和接受度相對落後的奧羽諸藩，從其強占仙台藩校養賢堂一事便可看出他們對奧羽諸

藩筆頭仙台藩的蔑視，而在舉止言談間處處展現出優越感。

維新之後大山格之助改名綱良，屬於久光派的他拒絕前往東京出仕，明治四年七月廢藩置縣後先後被任命為鹿兒島縣大參事、權令（相當於現代的縣知事）。明治六年十月西鄉因為征韓論遭到岩倉右大臣及包含大久保在內反征韓論諸位參議的否決，憤而辭去所有職務返回鹿兒島（政府為他保留陸軍大將軍階及俸祿）。大山對於辭去中央職務返回故鄉的前參議西鄉禮遇有加，翌年成立的私學校雖說是西鄉悉數捐出政府因維新功勳而賜予的賞典祿，但若無大山的贊助及全面配合，私學校恐怕難以成立。

幕末以來，西鄉與久光因個性問題而勢如水火，筆者在前作第二部已有提及。西鄉在第二次流放歸來後脾氣因流放在外而有所收斂，儘管依舊看不起久光卻也不形諸於色。鳥羽・伏見之戰薩摩藩固然在徵得藩主的同意下起兵，不過有讀過前作的讀者應該都知道，薩摩藩更應在徵得國父久光的同意下才能起兵。根據一般說法，西鄉和大久保對久光連哄帶騙，只要打倒德川幕府，便能新成立島津幕府。因此，當鳥羽・伏見之戰的捷報傳回薩摩，久光樂得合不攏嘴的笑問：

俺何時能當上將軍啊？

能否當上將軍並非家臣說了算，而是要多數大名的臣服以及天皇的承認才行。當時社會氛圍傾向於建立一個由天皇主政的中央集權政府，而不再由最強大的武家以征夷大將軍的身分建立幕府，久光在此之前曾多次上京議事，對於民心歸向不至於一無所知。

久光對於西鄉和大久保的憤怒應該始於廢藩置縣，七十七萬石的薩摩藩一夕之間不再屬於島津家所有，提倡廢藩置縣不遺餘力的共有四人，西鄉和大久保正是其中之二（另二人為木戶孝允和山縣有朋）。尤令久光難以容忍的是西鄉和大久保進入明治時代前往東京任官，身分上不再是島津家的家臣，而是與自己一樣成為朝臣。

對久光而言，還好還有大山被任命為鹿兒島權令，這是明治政府政令所不能及之地，從征韓論西鄉下野到西南戰爭的四年間，大山適時化解久光和西鄉之間的對立。西南戰爭之所以有約一萬四千名薩摩士族簇擁西鄉，固然與西鄉的個人魅力有關，但若沒有身為權令的大山綱良全力支持很難聚集到這樣的人數，更重要的是大山還提供戰爭最重要的金援，大山的援助或許出自於久光的授意。只是身為權令的大山沒有盡其職責消弭戰爭反而站在反政府立場，因此西南戰爭結束後大山以提供金援以及幫助西鄉舉兵的罪名被捕，在長崎遭到斬首，享年五十三歲。

世良修藏生於天保六（一八三五）年，早年曾入藩校明倫館就讀，之後遊學江戶入當時大儒安井息軒門下，以學問而言，世良的漢學造詣在幕末志士中算得上頂尖程度。文久三年高杉晉作創立奇兵隊，在同鄉赤根武人邀請下，世良進入奇兵隊。隨著長州諸隊不斷成立，世良後來改任第二奇兵隊軍監，在四境戰爭及鳥羽・伏見之戰立下戰功而被擢升為奧羽鎮撫總督府下參謀。

世良和所有長州人一樣，充滿對會津的憎恨，要世良放下對會津熾盛的復仇之念原本就不容易，如今已是奧羽鎮撫總督府下參謀的他，手握指揮奧羽諸藩的大權，於公於私做出揮軍征討會津的決定也不為過。

世良來到仙台雖因態度跋扈而遭藩士厭惡，不過當四月十一日，仙台藩主自任總大將而在仙台城下聚集約八千藩兵，世良主動請纓跟隨白石城主片倉小十郎率領先鋒進入郡山，為征討會津作準備。另外，九條總督於十二日下令澤副總督與大山參謀率領薩、長、福岡等五百餘名新政府軍前往新庄伺機征討庄內藩。

十四日出發的澤副總督一行於廿三日抵達新庄，次日便與庄內藩發生小規模衝突，不諳地勢的新政府軍吃下敗仗。四月底這支新政府軍聯合天童、松前、山形、土浦、佐倉、館林諸藩在庄內藩領內四處縱火，此時天童、松前、山形站在新政府軍陣營。庄內藩決定主動出擊，沿六十里越街道（連接山形縣鶴岡市與山形市的古山道）進入天童藩。身為織田信長次男信雄後裔的天童藩只是個石高二萬石的小藩，藩主織田信敏與隱居的前藩主信學逃往仙台，庄內藩也在天童藩境內縱火，天童陣屋及附近民宅共二百三十餘戶付之一炬。深恐淪為朝敵的庄內藩在藩主酒井忠篤制止下沿原路撤回庄內，庄內和天童、松前、山形等藩因此趕不上第一次白石會議。

世良修藏於四月十九日隨先鋒片倉小十郎抵達郡山正值新政府軍從幕府軍手中奪回宇都宮城，將戰線往北前進至日光境內的今市宿。筆者在前章提到，今市宿位於日光街道及會津西街道的交界處，沿會津西街道便能進入會津藩領。為維護藩境不受侵犯，會津派兵援助敗走此地的前幕府步兵奉行大鳥圭介，同時也積極部署白河口以防其他新政府軍來犯。

世良認為留九條總督坐鎮仙台藩領內的岩沼距離過於遙遠，沒有主見的九條總督將被仙台藩操控，讓身在前線的自己有遭受孤立的傾向，因此強行要九條總督遷移至白河。此舉形同對仙台藩主不信任，加上世良在仙台素行不良以及視奧羽諸藩為被征服者的種種惡行，使得他來到仙台不過短短兩個月，已招致眾人的恨意於一身。

導致世良遭到暗殺的主因是白石會議，該會議原本是奧羽諸藩聯名向新政府請願以寬大的態度處置會津藩，不過該會議有意避開奧羽鎮撫總督府成員，只打算事後遞上辯解書。世良獲報後盛怒，認為奧羽諸藩在白石的會議事先不通知總督府已是不尊重，呈上的辯解書又有彈劾薩長的字句，因而拒絕接受，雙方的衝突至此已全面爆發開來。

閏四月十九日，世良與長州諸隊之一的報國隊隊士勝見善太郎投宿在福島城（福島縣福島市杉妻町）附近的金澤屋，已充分感受到周遭不友善氛圍的他在就寢前寫信給人在新庄的大山參謀，內容提到「奥羽擧目望去皆為敵人，須有扭轉乾坤之大策。」世良委託與他友好的福島藩士送出信件，然而該名藩士卻將信件轉交尾隨世良而來的仙台藩士姉齒武之進等人。

可惡，非殺世良不可！

姉齒武之進與五名仙台藩士以及三名福島藩士於廿日衝進金澤屋，在二樓拿下睡夢中的世良、勝見二人，然後帶到阿武隈川河原斬首，享年三十四歲。世良的首級被帶到三日後的第二次白石會議現場，諸藩代表歡聲雷動。據米澤藩士宮島誠一郎的日記記載，當時情形如下：

滿座的各位高呼萬歲，惡逆遭天誅愉快愉快之聲未曾中斷。

世良修藏暗殺事件至今仍有若干不明瞭之處，第一節提到的仙台藩士玉蟲左大夫在五月三日奧羽列藩同盟成立時遞交太政官的建白書中強烈責難世良、大山兩位參謀「沉浸於酒色中，聽聞到的醜聞事件不勝枚舉」，認為討伐會津、庄內不過是薩、長的私怨，而非天皇的意志。薩、長實為君側之奸，有「張虛名、飾詐謀，謀竊大權，以恣暴動之國賊。」

從筆者列出的建白內容當可看出措辭之激烈已超出建白性質，這根本不是建白書，倒是類似向薩長下達的宣戰書。但是建白書先是責難世良、大山兩位參謀私德不佳，然後又稱薩、長二藩為君側之奸，把一、兩位個人私德擴及全藩為君側之奸總有不協調的違和感，對於世良在第一次白石會議後的反應卻隻字不提，成為世良暗殺事件令人不解之處。

六、會庄同盟到奧羽越列藩同盟

仙台藩士暗殺世良修藏一事早晚會傳入奧羽鎮撫總督府，甚至東征大總督府、太政官耳裡，不管何者都不會善罷干休，在斬殺世良時應該已有此等覺悟，因此在第二次白石會議後一個幾乎遍及整個奧羽地方的軍事同盟孕育而生，此即奧羽列藩同盟。

二月廿二日回到會津的松平容保與三月九日抵達庄內藩廳鶴岡城的庄內藩主酒井左衛門尉忠篤，同為筆者在第二節提過成為奧羽鎮撫總督府征討的對象。因為這兩藩不僅與幕府關係親近（會津藩祖是二代將軍秀忠的私生子保科正之，庄內藩祖酒井忠勝是「德川四天王」筆頭酒井忠次之孫），又是奧羽地方屈指可數的大藩（會津藩石高二十三萬石，庄內藩石高十七萬石，是該地第二和第五大藩），而且是京都、江戶兩地負責維持治安組織新選組、新徵組的頂頭上司，不少攘夷志士（長州、土佐）命喪其下，成為新政府軍征討對象並不令人意外。

桑名藩早已向新政府降伏，庄內藩是新政府軍僅次於會津藩的憎惡對象，因此兩藩於四月十日由庄內藩家老松平權十郎主導締結會庄同盟。與慶應二年一月締結的薩長同盟性質迥異，這一同盟得到仙台、米澤二藩的奔走、幫助，於是有了白石會議的召開。第二次白石會議召開時，已傳來世良修藏遭到仙台藩士斬首的消息，即便是出於一時憤怒，但殺死奧羽鎮撫總督府參謀，會有怎樣的結果冷靜下來思考當不難想像。

五月三日，兩次白石會議參與的藩除米澤新田、黑羽二藩外，其餘廿五藩家老齊聚仙台，決定向太政官遞交建白書以及有廿五藩家老連署的同盟條約書。建白書對松平容保採取同情態度，說他是「不容於天地間的罪人」，與被形容為「沉浸於酒色中，聽聞到的醜聞事件不勝枚舉」的大山、世良兩位參謀有著天壤之別。

另外，玉蟲左大夫修改白石會議期間與諸藩家老制定的盟約書，訂出奧羽列藩同盟條約書八條：

（一）以伸張大義於天下為目的，不應拘泥於小節或瑣碎的細節上。

（二）如同舟渡海，應秉持信義行動。
（三）若有不虞、危急之事，比鄰各藩應迅速救援，並向總督府報告。
（四）勿恃強凌弱，勿計私營利，勿洩漏機事，勿離間同盟。
（五）除非不得不築造城堡、搬運糧食，勿過度勞役百姓。
（六）大事件應列藩集議，以公平為旨，細節則視情況而定。
（七）向他國通謀，或出兵鄰境，皆應報告同盟。
（八）勿無辜殺戮，勿掠奪金穀。若有涉及不義之事，應嚴刑加之。

諸藩家老還起草了針對白河、庄內、北越（越後北部）三地的縝密作戰計畫，因為這三地當時正在與新政府軍作戰或剛結束作戰有可能再次成為戰場之地，雖然之後這三地日後都敗給新政府軍，但是新政府軍取得每一地也都付上極大的代價。

五月六日，受到北陸鎮撫總督府威脅的北越新發田、村上、村松、三根山（部分書籍記為三日市）、黑川、越後長岡等六藩要求加入同盟，於是原本共廿五藩的奧羽列藩同盟擴增為共三十一藩的奧羽越列藩同盟。

北越六藩除越後長岡藩石高七萬四千石外，其餘五藩石高都在五萬石以下，除新發田藩和村松藩二藩為外樣，其餘四藩皆為譜代。

七、盟主輪王寺宮公現入道親王

加入北越六藩後，整個奧羽越列藩同盟三十一個藩總石高約二百三十多萬石，不過，在幕末時期石高數並無太大意義，總石高二百三十多萬石固然驚人，但是若不能像新政府軍那樣合作無間，三十一個藩各自征戰，猶如一盤散沙般最後也將招致失敗。

三十一個藩要能團結一致，取決同盟盟主的人選。盟主不一定要能力出眾，但必須能讓諸藩甘心服從，因此家格一定要高。三十一個藩論家格、論官位、論石高應該比不上出身藤原北家魚名流、官位從四位下陸奧守、石高六十二萬五千石、在江戶城伺候席為大廣間的國持大名仙台藩主伊達氏，因此仙台藩第十三代藩主伊達慶邦眾望所歸的被推選為盟主。

另一方面，五月十五日上野戰爭結束前，在覺王院義觀和其他寺僧協助下撤出寬永寺的輪王寺宮公現入道親王，廿五日在品川沖搭乘榎本武揚艦隊的船艦長鯨丸離開江戶，廿八日抵達常陸國平瀉。平瀉屬於現今茨城縣北茨城市，北與「奥州三關」之一勿來關毗鄰，輪王寺宮在平瀉上陸後循勿來關進入奥州棚倉再往北經三春藩而於六月二日抵達會津藩廳若松城。

輪王寺宮一到會津旋即傳出擁立他為奥羽越列藩同盟盟主的聲浪，雖然伊達慶邦也適合擔任盟主，但若要與公卿出身的奥羽鎮撫總督九條道孝抗衡，總有不夠分量之感。奥羽越列藩同盟的目的為解救被新政府視為朝敵的會津、庄內二藩，不僅和奥羽鎮撫總督府交手勢不可免，連京都朝廷也難免要兵戎相見。如此一來，由伊達慶邦擔任盟主便顯得不太夠格了，武家出身的他即便同盟再怎麼善戰也很難威脅到人在京都的祐宮。然而若由出身四世襲親王之一伏見宮、本身又是仁孝天皇猶子——雖然年紀相仿但輩分上相當於祐宮叔父——的輪王寺宮，那將是另一番不同景象。

筆者在第五章第四節約略簡介輪王寺宮的出身，他在十二、三歲時來到日光山上的輪王寺，在那裡從少年到青年度過近十年，是當時關東唯一的親王門跡。筆者在第五章有提過輪王寺宮在情感上較偏向幕府，對於政治立場普遍傾向佐幕的奧羽諸藩而言，輪王寺宮是奧羽越列藩同盟最適當的盟主人選。

自輪王寺宮抵達若松城起，執同盟牛耳的仙台、米澤二藩家老們進行一次又一次的討論，終於在六月十六日取得如下共識：

（一）盟主：輪王寺宮公現入道親王
（二）總督：仙台藩主伊達慶邦、米澤藩主上杉齊憲
（三）參謀：前老中板倉勝靜、小笠原長行
（四）盟主居城：白石城
（五）盟主警備：彰義隊負責（上野戰爭後逃出的彰義隊成員仍以彰義隊為隊名）

擁立輪王寺宮為盟主的同時，新政府軍也加緊進攻奧羽越列藩同盟。在北陸方面有五月二日起的北越戰爭（請見第九章），在陸奧方面則有白河口戰爭以及戊辰戰爭中最為慘烈的會津戰爭（請見第十章），這些戰爭最後都由新政府軍獲勝，使得成立之初氣盛頗旺的奧

羽越列藩同盟走向瓦解一途，同盟的成員也因與新政府軍對抗程度的強弱而在戰後受到不同程度的處分。

何以成員有三十一個藩的同盟在不到幾個月的時間裡便趨於瓦解呢？原因其實也不難理解，不過筆者並不打算三言兩語帶過去，在接下來的九、十兩章將搭配北越戰爭與會津戰爭向讀者說明瓦解的原因。另外，在本章結束前筆者以簡短的文字介紹之後的輪王寺宮。

雖說在六月十六日輪王寺宮已決定就任盟主一職，不過輪王寺宮在七月二日抵達仙台後選定藩內的筆頭寺院仙岳院（宮城縣仙台市青葉區東照宮一丁目）為下榻地，直到七月十二日才前往白石城出席列藩會議，之後輪王寺宮往返於白石城與仙岳院二地。這段期間輪王寺宮向奧羽越諸藩下達令旨，令旨的大意如下：

> 薩賊違背先帝遺訓，欺瞞幼帝，廢除攝關幕府，表面上提倡王政復古，實則逞私慾逆威。且又百方工作，使幕府及忠良十餘藩背負冤罪，因而起兵。由於世情騷然、道義墮落、大逆無道、千古未曾有過，是以託匡正之任於同盟諸藩。宜名大義，殄兇逆之主魁，解幼帝之憂惱，救百姓塗炭之苦。

輪王寺宮亦以親王名義對各國公使發出類似令旨的內容，目的在於向日本國內外宣告奧羽越列藩同盟的使命在於為幼帝清除薩摩藩這一君側之奸。

只是江戶幕府終究也走到歷史盡頭，聲勢浩大的奧羽越列藩同盟存在不過兩個多月便走向崩潰。輪王寺宮在九月十八日向奧羽追討平瀉口總督四條隆謌（七卿落之一的公卿）遞上降表，然後在新政府軍「護送」下於十一月十九日回到京都，礙於親王身分只處以謹慎蟄居。而謹慎蟄居的處分也只持續到明治二年九月四日。與其他戰敗的幕府要人如松平容保、松平定敬、榎本武揚、大鳥圭介相較，輪王寺宮受到的處分算是非常輕微，若說對他有何重大傷害應該就屬解除仁孝天皇猶子及親王的身分，但是仍予以保留伏見宮家族的出身。

戊辰戰爭結束，幕府已成為歷史名詞，幕府時代的稱號包括輪王寺宮在內多數遭到廢除，公現入道親王的名稱亦不復存在，於是親王改回安政五年親王宣下時的名字能久，稱為伏見宮能久。明治三年能久對太政官提出留學英國的申請，四世襲親王家之首的伏見宮親自提出申請太政官自無不允之理，不過能久並沒能去成英國，而是改到普魯士學習陸軍。六年多的留學生涯中能久除了學得一口流利的德語外，還進入到德國陸軍大學就讀。

能久留學普魯士期間，其異母弟智成親王早逝，年僅十七歲，智成親王臨終前交代由異母兄能久繼承自己從伏見宮分出的新宮家北白川宮。相信讀者讀到這裡已經知道幕末時的輪王寺宮公現入道親王即是明治時代的北白川宮能久親王，應該也知道為何筆者在第五、第六以及本章要用點篇幅介紹這位在台灣幾乎是耳熟能詳的人物的理由。不過，一般人耳熟能詳的是他以近衛師團長身分統領近衛師團在台灣作戰直至戰死的後半生，在筆者看來，能久親王的前半生充滿傳奇，甚至比其後半生更為精彩！

新政府軍對幕府的殘餘勢力不因為成立奧羽越列藩同盟而有所減輕，在其成立前後，北越及白河口也都處在激戰中。筆者在第九章將提及北越諸藩與新政府軍的作戰經過，第十章則向讀者介紹會津戰爭，在整個戊辰戰爭中，北越、會津二役歷時最久，犧牲最多，並列為最慘烈的戰役。

豆知識

江戶改名東京

如筆者在第六章第五節所述，上野戰爭結束後，大總督府於五月十九日在江戶設置鎮台，由大總督兼任，命江藤新平為鎮台判事，鎮台下設社寺、市政、民政三裁判所代替幕府時代寺社、町、勘定三奉行。

五月廿四日，議政官上局議定兼輔相三條實美被任命為關東監察使東下江戶，三條前來江戶的目的是向田安龜之助的監護人德川慶賴、松平齊民（美作津山藩第八代藩主）傳達朝廷對德川宗家做出移封駿府七十萬石的處置。不過在三條抵達的前一日，大久保利通也私下來到江戶，大久保的到來不會是為了傳達朝旨，他到底是為何而來？

三條表面上東下江戶是為傳達朝旨，實際上他與大久保俱是為了祐宮東巡而來。上野戰爭前夕，雖說歷經江戶無血開城使新政府軍得以進駐江戶，但江戶還有彰義隊在寬永寺負隅頑抗，關東各地放眼望去盡是幕府軍及佐幕派，還有關東之後的奧羽諸藩看來也幾乎都站在佐幕立場。上述這些地方若不能以政治手段拉攏，光憑武力征討不僅曠日廢時，犧牲也必然慘重，更大的危機是財政基礎薄弱的新政府可能會撐不下去，這些因素使得祐宮東巡不僅必要，而且是迫切的急務。

在三條、大久保之後，木戶貫治與佐賀藩士大木喬任也在六月十二日東下江戶會晤大總督有栖川宮、三條、大久保、江藤新平以及大村益次郎。三條、大久保原本就是祐宮東巡的積極提倡者，有栖川宮、江藤、大村也不反對祐宮東巡。木戶心滿意足的返回京都，在七月十一日召開朝議，隨即於十七日頒布「江戶改稱東京」的詔書：

> 朕今親裁萬機，綏撫億兆。江戶乃東國第一大鎮，四方輻輳之地，宜親臨以視其政。是以江戶自今改稱東京，是朕海內一家東西同視，眾庶應體此意。

這一紙詔書讓江戶走入歷史，從此改稱「東京」，相對的，京都稱為「西京」。把江戶稱為東京，代表新政府對東京的重視。不過，此時的「東京」發音並非 Tokyo，而是 Toukei。

發布詔書這一日，廢棄江戶鎮台，改置東京鎮將府，大總督有栖川宮兼任鎮將府，管轄駿河以東十三國(陸奧、出羽、常陸、上野、下野、上總、下總、安房、武藏、相模、伊豆、甲斐、越後)的政務。

八月廿七日，祐宮在京都即位，接著九月八日改元明治(詳情於第十章敘述)。九月廿日，明治天皇在岩倉具視、中山忠能、伊達宗城的伴隨以及長州、土佐、岡山、大洲四藩共約三千三百名兵力警備下從京都出發行幸東京。天皇的隊列於十月十三日抵達江戶城，當日將江戶城改稱東京城，定為此次東巡的皇居，當時天皇及太政官成員大概都沒想到，不久之後這裡會成為永久的皇居，「大君之都」江戶從此成為「天皇之都」東京。

此次天皇東巡，並未在東京滯留太久，然而已達成政治宣傳目的。戊辰戰爭即將結束的明治二年三月，天皇再度東巡江戶，此次不再是出於政治宣傳的目的，而是為了擺脫保守的公家氣息而遷都(雖說遷都卻無具體的詔令)，關於天皇再度東巡江戶，筆者將留待於第三部《御一新》再做介紹。

第九章

北越戰爭及庄內戰爭

一、新政府軍進軍越後

在九條奧羽鎮撫總督一行人於松島灣上岸的一個月後，已進入江戶的北陸道先鋒總督兼鎮撫使高倉永祜，在四月十九日被任命為北陸道鎮撫總督兼會津征討總督，北陸道先鋒副總督四條隆平為北陸道副總督兼新潟裁判所總督，統領山縣狂介和黑田了介兩位分屬薩、長的參謀以及薩、長、加賀、富山、長府諸藩藩兵朝越後進軍。

自二月九日東征大總督府成立以來，下設東海、東山、北陸、奧羽四道鎮撫總督，筆者在先前第三、第五、第六、第七、第八等章先行介紹過東海、東山、奧羽三道鎮撫總督在各地的作戰情形。唯獨北陸道軍從京都出發，所到之處包括全國最大藩加賀藩也在聽聞鳥羽・伏見之戰的結果後主動歸順新政府，因此一路走來尚未有實際作戰經驗。

從江戶前往越後最短距離是從板橋宿出發，沿中山道至上野國高崎宿（群馬縣高崎市）折往三國街道，通過第十六宿永井宿後從三國峠（介於新潟縣南魚沼郡湯澤町與群馬縣利根郡みなかみ町之間）進入越後國境。由於東山道軍已在先前取道三國峠進入越後南境魚沼郡，在越後國魚沼郡領有約五萬石**預地**（幕府將其直轄領或是大名領地委託其他大名管理）的會津藩在此設有小出島陣屋（新潟縣魚沼市諏訪町一丁目），魚沼郡奉行遂率領會津藩兵與東山道軍進行作戰。於是北陸道軍改道通過「中山道三大難所之一」碓冰峠（另外兩個為木曾棧橋、太田渡口），在中山道第二十宿追分宿（長野縣北佐久郡輕井澤町追分）沿北國街道北上於閏四月十九日抵達越後高田藩（新潟縣上越市）。

越後高田藩相當於今日新潟縣上越市、妙高市全部，以及部分柏崎市和十日町市。奈良、平安時代越後國與中央開始接觸、往來，依與京都的距離由東而西分為阿賀野川以北的下郡（下越地方）、阿賀野川和信濃川下游沖積成越後平原的中郡（中越地方）以及國府、國分寺、一宮（越後國一宮有兩座，其一居多神社即位在上越地方）所在的上郡（上越地方，也稱為府內）。從國府、國分寺、一宮所在的位置可看出近代以前府內地方才是越後國政治、文化重心之所在，因此戰國時代上杉謙信能迅速席捲越後並南下信濃與武田信玄展開川中島大戰，固然與其勇猛善戰不無關係，不過也不能忽視其居城位在府內地方直江津附近春日山城這一優勢。

自元和二（一六一六）年家康六男越後高田藩主松平忠輝遭到改易以來，幕府傾向避免出現一藩獨大的局面，於是石高約四十五萬石的越後國分封為十一個藩。幾乎全為譜代諸藩的越後國，石高數最高的始終是越後高田藩，這個藩曾經歷數個譜代入主，寬保年間（一七四一～四四）榊原氏成為高田城的主人直至明治四年廢藩置縣。說到榊原氏，讀者一定會想到「德川四天王」之一榊原康政，從榊原康政受封在上野館林開始，在一百多年的時間裡歷經陸奧白河、播磨姬路、越後村上等地移封而在越後高田定居下來。筆者在前作曾提到榊原氏與德川四天王之一彥根藩井伊氏接受幕府動員參與四境戰爭征討長州藩，結果越後高田藩和彥根藩不僅在藝州口遭到軍事改革後的長州藩痛擊，就連其他三地的作戰幕府軍也都討不到便宜慘敗而歸。

慶應四年初幕府軍在鳥羽·伏見之戰為人數僅有其三分之一左右的新政府軍擊退，不少佐幕諸藩包括彥根藩在內紛紛向新政府降伏，舉棋不定的越後高田藩主榊原政敬在北陸道軍和東山道軍會合逼近下才點頭降伏新政府。確定越後高田藩已降伏於新政府後，高倉總督及四條副總督才在閏四月廿五日緩緩從江戶出發，當他們於五月八日踏入越後高田藩藩廳高田城時，新發田、村上、村松、三根山、黑川、越後長岡等六藩已在日前加入奧羽列藩同盟，奧羽列藩同盟搖身成為擁有三十一個藩的奧羽越列藩同盟。

從北陸道鎮撫總督高倉永祜在四月十九日兼任會津征討總督一事來看，可知北陸道軍的任務並非只是平定越後國而已，其終極目的是與東海道、東山道兩軍會師征討會津藩，至於當下首要之務為征討加入奧羽越列藩同盟的北越六藩、位在小出島陣屋的會津藩。

二、小千谷會談

五月二日，越後長岡藩家老河井繼之助帶著一名軍目付以及兩位從者來到小千谷慈眼寺（新潟縣小千谷市平成二丁目）會見之間與新政府軍會談。由於當時高倉總督還在從江戶前來的路途上，在越後的北陸道軍最高負責人為黑田、山縣兩位參謀，派出參謀與一藩家老會談有失禮節，於是指定東山道先鋒總督府軍監岩村精一郎（維新後改名高俊）出席會談，希望能勸說北越六藩看清時局向新政府降伏，避免交戰。岩村精一郎當時年僅廿四歲，不管在年紀或在聲望及資歷上都有所不足，若不是肩負東山道先鋒總督府軍監之職應該很難參與這次會談。另一方面，河井繼之助此時四十二歲，已累績足夠的資歷和閱歷，更有著藩內無人可及的財政長才。儘管家祿僅有一百二十石，求才若渴的前任藩主牧野忠恭破格將其提拔為家老。

以下為筆者閒談。岩村之所以能在聲望和資歷不足的情形下，以廿四歲之齡成為東山道先鋒總督府軍監，憑藉的是土佐藩宿毛領家臣的出身（等同上士出身）。若有讀者對近代日本政治望族感興趣的話，不妨多加關注岩村氏及與其有婚姻關係的姻親。岩村氏在土佐宿毛地區（高知縣宿毛市）屬於望族，精一郎上有彌左衛門（維新後改名通俊）和助次（維新後改名林有造）兩位傑出兄長，生父岩村英俊的姊妹嫁給宿毛地區的望族竹內家，生下一子名為竹內綱，竹內綱即戰後日本最有名的首相吉田茂的生父。吉田茂的岳父牧野伸顯是維新三傑之一大久保利通的次男，岳母也是薩摩藩維新元勳三島通庸（擔任福島縣令期間留下

「鬼縣令」、「自由之敵」的外號）之女。最受吉田茂疼愛的三女和子在父親的作媒下成為福岡地區以採礦業致富的實業家麻生太郎吉之妻，麻生太郎吉與和子的長男即第九十二代總理大臣麻生太郎，而麻生太郎的夫人千賀子為第七十代總理大臣鈴木善幸之女，如此顯赫的家世恐怕只有連續五代當選眾議員的鳩山家族與連續四代當選眾議員的小泉家族可與之相比。

話題再回到小千谷會談上。河井主動向岩村出示藩主的請願書，提到願意站在中立的立場上勸說會津、庄內二藩與新政府軍議和。岩村無法接受河井「願意站在中立的立場」的說辭，堅決要河井與已經降伏新政府的信濃諸藩一樣只能降伏，沒有中立的選擇。

不向錦之御旗降伏便以賊軍看待。

由於岩村十分堅持自己的主張，河井即便想暫時擱置這點與岩村也無法再談下去，河井氣得對岩村說道：

若你們是真正的官軍，向你們歸順也未嘗不可。不過到底討幕及征討會津的理由何在？應該是出於私鬥或是為了奪取政權吧？長岡藩不會任由你們入侵。

岩村的堅持與河井的答覆等於宣告會談破裂，據說從會談開始到破裂只歷時三十分鐘。當日越後長岡藩與北陸道軍、東山道軍進入戰爭狀態，數日後更與新發田、村上、村松、三根山、黑川等五藩一同加入奧羽列藩同盟成員，與新政府軍站在敵對立場。

小千谷會談的失敗將越後長岡藩等北越六藩推向敵對立場，其實這樣的結果原本是有可能避免。岩村過度囿於成見，在他眼裡只有官軍、賊軍兩種立場，凡是不降伏新政府一律打為賊軍，將原本打算中立的北越諸藩推向敵對陣營。或許在岩村眼中，區區越後六藩不僅不成氣候，為此而多打的北越戰爭對於整個戰局亦不構成影響，當讀者讀完筆者在本章接下來的敘述，應能自行判斷多打這場原本能避免掉的北越戰爭對於戰局會有多大的影響。

岩村在小千谷會談荒腔走板的表現不久便傳開來，不僅傳至北越諸藩，也傳進自家人耳裡。不知是山縣或木戶率先在背後稱他為「kyoroma」（長州方言，意為輕率思慮不周），久而久之整個長州人都以「kyoroma」稱呼岩村。

岩村生涯中荒腔走板的表現不止這樁，甫於二〇一九年二月去世的知名日本文學兼日本文化研究者唐納德．基恩（Donald Keene，二〇一一年三一一地震後取得日本國籍）在其著作《明治天皇》有如下的敘述：

……大久保（利通）決定將佐賀縣權令換成自己的心腹岩村高俊，並命令他控制情勢。傲慢無能的岩村可以說是最糟糕的人選，他根本完全搞不清楚佐賀的情況，甚至還無意中為自己樹敵，使情況更加惡化：岩村在前往佐賀途中偶然與佐賀士族島義勇同船，這個人曾擔任侍從以及秋田縣權令，這次是應三條實美的要求前往佐賀平息局面。然而在船上交談時，岩村對佐賀士族的侮辱加上宣稱會把所有叛亂分子一網打盡的傲慢發言激怒了島，讓他決心協助江藤（新平）對付這名蠻橫的新權令。（譯文引用唐納德．基恩《明治天皇》〔遠足文化，二〇一九〕）

從唐納德．基恩的敘述來看，發生於明治七年2月1日的佐賀之亂原本應該只有在征韓論下野的前參議江藤新平及支持他的黨羽。然而經過岩村高俊一番「kyoroma」後，發生在佐賀縣的士族叛亂又多增添島義勇及支持他的士族，雖說佐賀之亂的發生與岩村並無直接關係，但在岩村經手後其結果幾與小千谷會談如出一轍。套用時下方酣的一句話形容岩村高俊：

> 有岩村在朝當官，明治政府還需要敵人嗎？

三、朝日山爭奪戰

在小千谷會談之前，越後已經陷入戰火狀態，如筆者在本章初始提到東山道軍在越後南境與會津藩兵交戰，而閏四月十九日抵達越後高田藩的北陸道軍也與會津、桑名二藩發生零星衝突。不過，一般書籍提及的北越戰爭多半是指五月二日小千谷會談破裂後，新政府東山道軍和北陸道軍與北越諸藩以及會津、桑名二藩之間的戰役。時間上從五月二日到九月廿三日越後長岡藩降伏為止，前後歷時超過四個半月，若將東山道軍與會津藩兵交戰的時間也算進去，北越戰爭約有六個月之久！

小千谷會談破裂翌日——五月三日——新政府軍便與會津藩在小千谷會談地西北邊的片貝（新潟縣小千谷市片貝町）點起戰火，東征大總督府特地從公卿中任命清華家出身的西園寺公望為東山道第二總督指揮越後地方的東山道軍，負責肅清通往會津路上的幕府軍。西園寺公望此時雖年僅二十歲，年初已有擔任山陰道鎮撫總督經歷，更有數年擔任祐宮近習的資歷。清華家家格、擔任祐宮近習的資歷以及在公卿中僅次於岩倉具視的才能是西園寺之後為政壇各界推崇的原因，本身既是首相、元老（國權）且又有公爵爵位，另一方面卻也是立憲政友會總裁（民權），能在兩個極端對立的領域成為領袖，在戰前日本除西園寺外也只有伊藤博文才有這樣的本事。西園寺的一生相當漫長，直到中日戰爭期間於昭和十五（一九四〇）年衰老去世，關於西園寺公望的簡介就此打住，筆者在第三部《御一新》還會再提到他。

三日這天新政府軍以尾張藩及松代、上田等信濃諸藩兵力為主占領長岡以南的榎峠及附近的朝日山（均位於新潟縣長岡市與小千谷市之間），幕府軍雖阻止新政府軍攻占片貝，卻無法擊退占領榎峠的新政府軍。越後長岡藩由河井繼之助在九日與會津、桑名二藩家臣在長岡城內完成共同出兵對新政府軍作戰的協議。

十日對新政府軍開戰，河井率領越後長岡藩兵、佐川官兵衛率領會津藩兵、山脇十左衛門率領桑名藩兵合力擊退來犯的新政府軍，長岡藩收復榎峠。三藩藩兵還沉浸在收復失地的喜悅中，十一日清晨，以薩、長為主的新政府軍趁著朝霧尚未散去冒險渡過信濃川，要在三藩藩兵心情鬆懈下奪回失去的榎峠。

三藩的守備並未因奪下榎峠而鬆懈，榎峠駐紮不少三藩藩兵，雙方在信濃川河岸與榎峠間進行激烈槍擊戰。到了下午，榎峠上的藩兵紛紛下山加入戰局，疲憊的新政府軍見局勢不利，趕緊撤退到後方的朝日山。十二日雙方繼續僵持在榎峠和朝日山之間苦戰，北陸道軍參謀山縣狂介離開朝日山回到小千谷本營求援。十三日一樣濃霧密布，年僅廿四歲的桑名藩士立見鑑三郎（第七章的辰巳鑑三郎）趁著霧未散去率眾悄悄攻上朝日山，山上的新政府軍只有長州三隊奇兵隊約二百人，由昔日松下村塾出身、此時身為奇兵隊參謀的時山直八指揮。

由於只率領區區二百兵，時山採取的策略是守住原地以待援兵——不管是山縣搬來的救兵或是駐紮在朝日山下的薩摩軍——到來。立見原本也想等濃霧散去再做攻擊，然而濃霧還未散去，山下已傳來人群的嘶喊聲和隆隆槍聲，立見雖不知是山縣的救兵或是薩摩的駐軍，只知道不會是自己人。

過了朝五時，濃霧雖還未散盡，立見率領的桑名藩兵已向奇兵隊陣地開槍射擊，眼見桑名藩兵已近在眼前，時山才想到要應戰，不過已經來不及，時山遭到敵軍近距離開槍，當場死去，享年三十一歲。

時山戰死，山上這兩百名奇兵隊已無心作戰，由於無法帶走時山的屍體，倉促間只能割下時山的首級往山下逃去。往山下撤退時遇上率領長州軍趕回來的山縣，山縣及其率領的長州軍得知時山戰死消息頓時戰意萎靡，山縣不得不整頓殘軍棄守朝日山，以謀他日再戰，十三日的作戰由越後長岡、會津、桑名三藩藩兵取得勝利，繼日前收復榎峠後再收復朝日山。

此役必須一提的將領為桑名藩士立見鑑三郎，他在第七章宇都宮城攻防戰結束後來到越後，在北越戰爭結束前轉戰會津，最後於九月在庄內藩向新政府軍降伏，被處以約兩年的謹慎，謹慎解除後改名立見尚文。明治四到十(一八七一~七七)年，立見尚文歷任地方參事及司法省職務，不過這些文官體系職務並不適合立見。

明治十年二月西南戰爭蜂起，政府雖已實施徵兵制有年，但尚未建立軍官養成學校體系因而極度欠缺指揮軍隊的將官。在這種情形下只要在戊辰戰爭期間立下戰功，不問討幕或佐幕派都予以錄用，立見由於在戊辰戰爭期間立下戰功——特別是本節筆者提到的朝日山之戰——而被擢為陸軍少佐。明治十一年立見因西南戰爭的功勳擢升連隊大隊長（軍階相當於陸軍中佐），日清戰爭前夕已是旅團長（軍階相當於陸軍少將）。

日清戰爭結束後立見成為首任台灣總督府陸軍部參謀長，在台滯留近一年。日俄戰爭時以所屬第八師團（位於青森縣弘前市）為主力參與黑溝台會戰，最終獲得勝利。立見因此役戰功終於在戰後晉升陸軍大將，是繼奧保鞏、小川又次、大島久直後第四位非薩、長、皇族出身的陸軍大將，如果立見不是出身成為朝敵的桑名藩，或許會更早升任陸軍大將。

四、西鄉吉二郎、河井繼之助戰死

雖然在朝日山遭受挫敗，不過並沒有威脅到新政府軍對越後的統治，這是因為越後的政治中心府內地方仍在新政府軍有效的控制下之故。爭奪朝日山期間，新政府軍從高田同時沿海線和山線朝越後長岡藩進攻，十五日攻下中越地方面臨日本海的出海口出雲崎（新潟縣三島郡出雲崎町），截斷越後長岡藩與海上的聯繫，數日後幕府軍為奪回出雲崎而在附近的寺泊沖與新政府軍發生北越戰爭中罕有的「海戰」（這場戰爭是新政府軍在海上砲擊停泊中的運輸船，與真正的海戰有段距離）。幕府的精銳船艦還在品川沖保持中立，佐幕諸藩的船艦難以和新政府軍匹敵，結果船艦沉沒，出雲崎被奪，雖勉強保住《日美修好通商條約》指定開放的港口新潟港，新政府軍船艦已能航行至中越地方（《日美修好通商條約》原本規定新潟港於1860年1月1日開港，不過新瀉新潟港因為水深不足以及受到北越戰爭波及，實際開港時間拖到1869年1月1日）。

十九日，為提振失去朝日山的士氣，新政府軍決定直接進攻長岡城。新政府軍一路以薩摩藩兵為主力從北國街道北上，通過柏崎宿（新潟縣柏崎市西本町）後轉向東北方大抵與

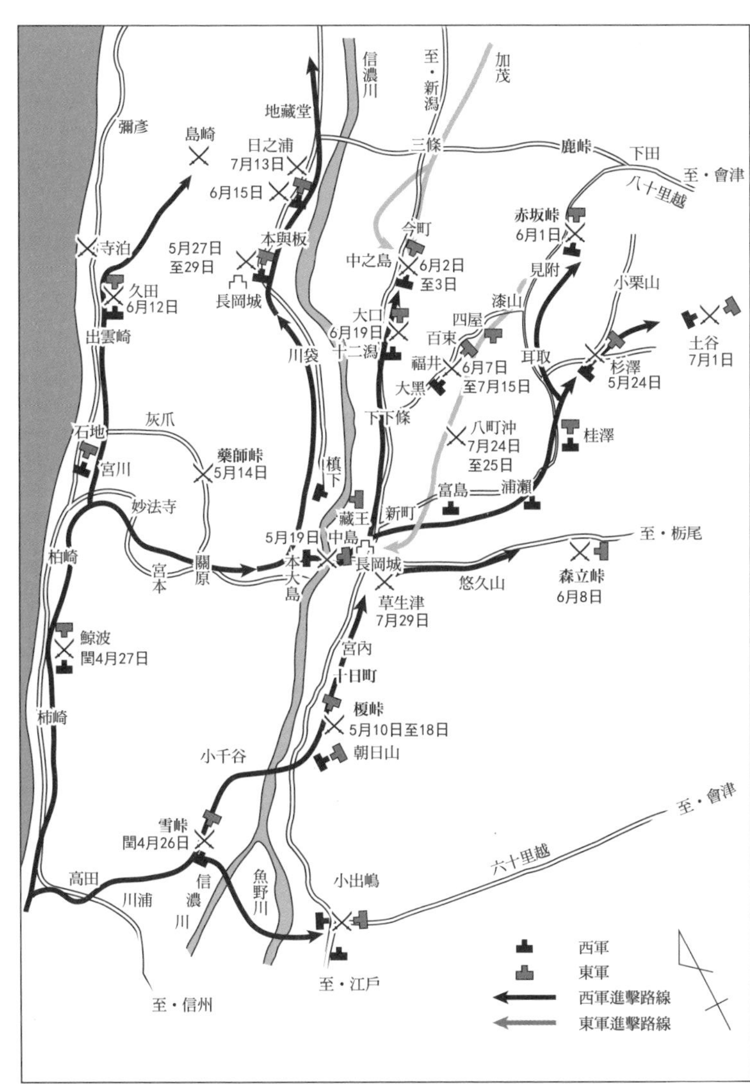

長岡城攻防戰圖慶應4年閏4月26日至7月29日的主要作戰地點

今日國道八號一致的路線。另一路則以長州藩兵為主力，由與板藩（彥根藩支藩）御用商人提供小舟順信濃川而下，兩路軍在長岡城下會合。越後長岡、會津、桑名三藩主力已被河井繼之助派駐到榎峠和朝日山一帶，一時間難以回防。以寥寥可數的城內守軍顯然難以與來勢洶洶的兩路新政府軍作戰，於是河井繼之助下令籠城。河井採取籠城的同時也在長岡城大手門安置兩門加特林機槍（Gatling Gun）對付攻城的新政府軍。據說戊辰戰爭期間日本只有三門加特林機槍，其中兩門由河井自橫濱的美國商人手中購得，當初是出於汰換藩內老舊過時的武器而添購，卻在北越戰爭寫下最早在日本使用該武器的紀錄。

不過，加特林機槍雖然威力大，但是也存在體積大、機動性差、子彈消耗大等缺點。十九世紀六十年代的加特林機槍一分鐘大約可以射出二百發子彈，而當時日本並無自行製造加特林機槍子彈的能力，在作戰初始機槍固能發揮極大殺傷力，但是當子彈在短時間內消耗殆盡後，笨重的槍身立即失去作用而任由新政府軍宰割，河井在徵得首席家老牧野圖書同意後，將前藩主牧野忠恭、現任藩主牧野忠訓兩人先行送往安全之處，然後集合守軍朝長岡城點火（燒毀大半城郭），趁新政府軍愕然之餘從容撤出。河井率越後長岡藩兵先是退往城北悠久山，然後往東通過森立峠離開藩境，再撤至東北方的加茂（新潟縣加茂市，當時屬於新發田藩）。

奧羽越列藩同盟得知越後長岡藩吞了敗仗，由於同時間同樣慘烈的會津戰爭也在進行當中，原本同盟成立的宗旨就是要解救會津、庄內二藩，因此同盟多數的藩都派出援軍前往會津。儘管如此，仍有庄內、米澤、上山等藩伸出援手，派出重臣來到加茂，不僅帶來兵力，也帶來北越諸藩欠缺的槍械、大砲等武器。廿二日在加茂舉行軍事評議雖未做出具體的作戰計畫，不過，庄內、米澤、上山、越後長岡、會津、桑名、村松、村上等藩已取得反攻北越的共識。

五月廿三日，前節提到年輕的東山道第二總督西園寺公望抵達越後高田藩，新政府軍立即發動數次攻勢打算肅清中越地方的同盟軍據點，新政府軍卻因而與同盟軍陷入膠著。

六月十四日，新政府軍在北越戰線的人事布局出現一大變化，在北陸道鎮撫總督和東山道第二總督之上增設直屬朝廷的會津征討越後口總督，任命已裁撤掉的征討大將軍仁和寺宮嘉彰親王為總督。巧合的是他不僅也是伏見宮邦家親王的王子，還是輪王寺宮的同母兄長，這對年紀只差一歲的同父同母兄弟竟成為不同政治立場陣營的領袖。東山道第二總督西園寺公望降為會津征討越後口大參謀，原本北陸道鎮撫總督高倉永祜因病解職，原北

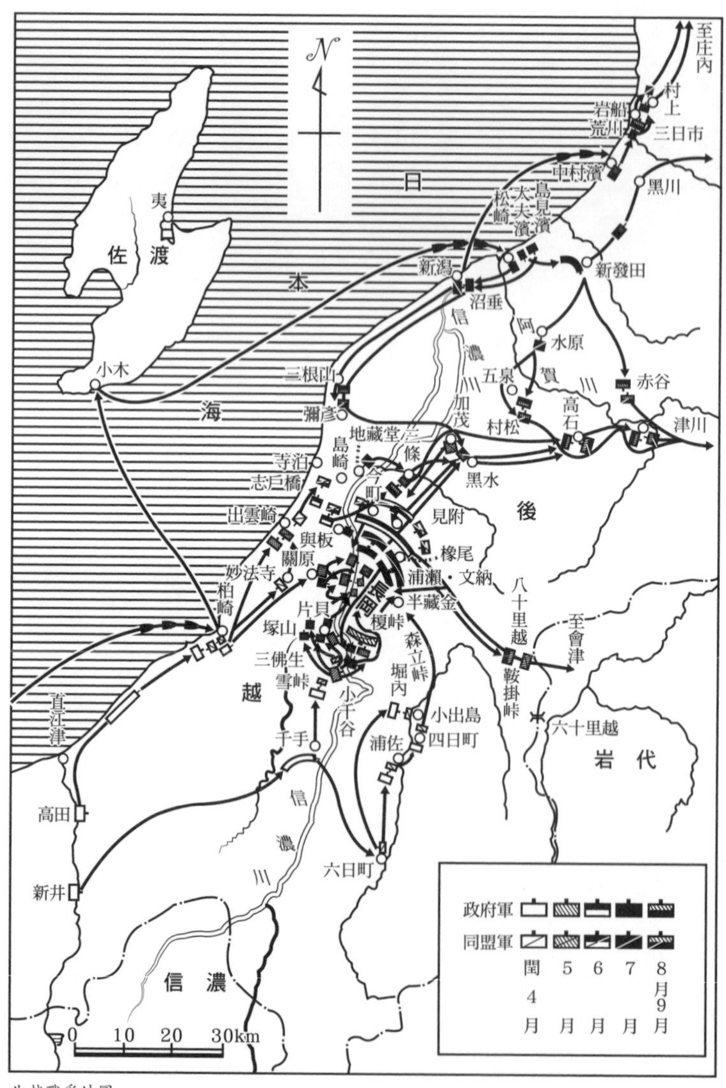
日
本
海
佐
渡
夷
小木
越
後
信濃
岩代
至庄內
村上
岩船
荒川
三日市
中村濱
黑川
島見濱
大夫濱
松崎
新潟
沼垂
新發田
信濃川
阿賀
水原
五泉
赤谷
三根山
彌彥
加茂
村松
高石
津川
地藏堂
三條
島崎
寺泊
志戶橋
今町
黑水
出雲崎
見附
與板
關原
栃尾
妙法寺
浦瀨・文納
柏崎
長岡
片貝
半藏金
八十里越
塚山
榎峠
至會津
森立峠
三佛生
雪峠
堀內
鞍掛峠
小千谷
小出島
六十里越
直江津
千手
浦佐
四日町
高田
六日町
新井
政府軍
同盟軍
閏4月
5月
6月
7月
8月9月
0 10 20 30km
北越戰爭地圖

陸道鎮撫副總督四條隆平亦解職（七月底出任柏崎縣知事），原本的黑田、山縣兩位參謀續任原職，另外增設文久三年「七卿落」之一的公卿壬生基修為參謀。七月六日以長州藩士佐世八十郎（維新後改名前原一誠）代替山縣的參謀職務，山縣於是成為專司率軍作戰的將領。九日，會津征討越後口總督仁和寺宮嘉彰親王搭乘船艦在直江津登陸，坐鎮位在高田的本營。

河井繼之助自五月十九日放棄長岡城退往加茂以來，始終為收復長岡城而積極部署。對中越地方地理環境再熟悉不過的河井，選定長岡城正東約五、六公里的八丁沖（介於新潟縣長岡市與見附市的濕地）作為與新政府軍交戰的戰場。十九日河井繼之助率領以越後長岡藩藩兵為主力的同盟軍來到八丁沖，準備在廿日晚上進行夜襲。未料十九日長岡藩下起暴雨，前往八丁沖的路途上積水嚴重，難以通行。

雨勢直到廿四日中午以後才趨緩，河井在下午聚集十七小隊近七百名越後長岡藩兵，分別由牧野圖書、稻垣主稅、山本帶刀三位家老於暮六時半朝八丁沖方向行進。為了達到夜襲效果，河井下令提燈、火把等照明器具一律丟棄，近七百名隊伍背著長槍、彈藥，推著大砲只憑藉在雲間若隱若現的月光緩緩前進。

如此辛苦的推進終於在廿五日曉七時來到長岡城下，打算從燒毀的城郭缺口進城。然而，卻被薩摩的哨兵藉著篝火發現行蹤，長岡城奪還戰因此提前了幾個小時開戰。此戰越後長岡藩兵戰意堅強，抱著不奪回長岡城誓不罷休的決心，個個以一當百，拂曉之前的襲擊也占了不少優勢，在天時地利人和俱備的情形下擊退輪哨的薩摩兵。

殺進城內後，越後長岡藩兵鬥志更為旺盛，帶來的加特林機槍朝城內新政府軍休憩之處射擊，驚醒睡夢中的新政府軍，顧不得穿戴是否整齊，爭相奪門而逃。據說這時發生一件趣事，從睡夢中驚醒的山縣狂介，赤裸著身體只拿著一瓢葫蘆遮住下體倉皇逃出。會津征討越後口大參謀西園寺公望反穿陣羽織急急上馬逃命去也，忙中有錯的西園寺竟將馬頭看成馬尾，以倒騎的姿勢坐在馬上，急著逃命的新政府軍也沒人注意兩位長官的醜態，就算看到了當下恐怕也沒人笑得出來。對山縣和西園寺兩位日後在明治、大正、昭和初年在政壇呼風喚雨的首相、公爵兼元老而言，慶應四年七月廿五日在長岡城內倉皇逃命應該是他們一生最不願回想起的往事。據說日後只要有記者提起北越戰爭的往事，山縣秉持一貫態度否認：

不，沒這回事。

天亮之後長岡城內已無新政府軍蹤跡，陷落的長岡在六十五日後重新落入越後長岡藩之手。

薩長不愧是百戰之師，從地處偏隅的西南邊境一路打到北越，雖然不見得每戰必勝，畢竟也見過許多大風大浪。越後長岡藩兵襲擊得逞只能一時嚇走他們，撤退到長岡城北後，薩長軍在將領的整頓下迅速恢復戰力，立即掉頭往南進攻長岡城。

越後長岡藩兵收復長岡城的喜悅只維持到晝四時左右便遇上薩長軍反攻，就連河井也沒料到薩長軍竟能在敗走後幾個小時內反撲。歷經兩次攻防戰，長岡城北郭明顯出現缺口，河井認為薩長軍一定會針對北郭缺口加以進攻，於是帶領部分兵力前往北郭新町口戒備，果然在那裡遇上整頓軍容來犯的薩長軍。

雖說交戰雙方陣容與幾小時前完全一樣，不過此時薩長軍心穩定，已非幾小時前的驚弓之鳥，而河井率領的只是越後長岡藩兵一部分，沒有襲擊長岡城時的優勢，因此高下立判。對越後長岡藩更不利的是，河井在此遭到薩長軍狙擊受傷，河井似乎有當場喪命之虞，幸好此時米澤藩兵及時趕到，薩長軍眼見後到的米澤藩兵展開包夾姿態，認定久戰對己不利，連忙涉水渡過信濃川撤退。米澤藩的及時救援使得越後長岡藩兵將河井安全送回城內醫治。

身為奧羽越列藩同盟總督之一米澤藩派出的援兵及時趕到，確保越後長岡藩兵收復長岡城的戰果，其實米澤藩另外還派出一支約六百人的軍隊由重臣色部長門（名為久長）阻止薩長軍從新潟港登陸。新潟港位於今日新潟市境內，新潟市現在不僅是新潟縣最大都市，也是日本海側（即「裏日本」，指日本本州面向日本海的地區，面向太平洋部分則稱為「表日本」。由於「裏日本」被認為是侮蔑性詞語，因此逐漸以「日本海側」「太平洋側」代替裏日本和表日本）最大都市，這多少與新潟開港有關。與神奈川港（橫濱）和兵庫港（神戶）是因為開港才發展繁榮不同，新潟港開港之前已是**西廻航路**（從出羽國酒田出發航行日本海經下關轉進瀨戶內海到大坂的海上航線，是江戶初、中期與幕府關係良好的豪商河村瑞賢開闢的航線）上船隻停泊的港口之一，到開國前夕，幕府有感於新潟港的重要性，將其周邊之地從越後長岡藩手中收回，納為天領。新潟港既被納入天領，越後長岡藩指派的新潟町奉行自也廢除，改由幕府設置新潟奉行（屬於遠國奉行），**御庭番**（八代將軍吉宗成立的機構，直接聽命於將軍進行不公開的偵察活動。由於行動隱密，在時代劇或小說、漫畫中，御庭番成員多半被塑造為忍者或劍術高強的劍豪）出身的幕臣川村修就被任命為首任新潟奉行。

新政府軍在廿七日攻勢再起，沿著三國街道再攻長岡城。隨著會津戰爭的加劇，奧羽越列藩同盟在會津投入更多兵力，相較之下已無暇顧及到更遠之外的越後長岡藩。米澤藩是唯一派兵至越後境內的藩，但是米澤派出的兵力並非用來馳援越後長岡藩，而是去支援新潟港，因此越後長岡藩必須獨自迎戰來犯的新政府軍。更令越後長岡藩兵感到悲觀的是，該藩的靈魂人物河井繼之助在數日前遭到狙擊，至今傷勢仍未好轉，少了他的運籌帷幄戰力難以充分發揮，越後長岡藩這一日在孤立無援且又缺乏最強戰力的情形下再度失去收復僅三日的長岡城，藩兵再次撤往加茂。

前文提到米澤藩在七月廿五日派了一支由重臣色部長門率領的約六百人部隊防衛新潟港，以防薩長軍從該港登陸。然而，實際上當日已有薩摩、長州、福岡、加賀、柳河等藩的船艦陸續停靠在新潟港，會津征討越後口總督府任命薩摩藩士本田彌右衛門（維新後改名親雄）、長州藩士山田市之允（維新後改名顯義）為海軍參謀協助新政府軍從海上進攻新潟港。廿九日，新政府軍海陸並進，進攻新潟港，米澤藩兵受到來自海上砲火的猛攻，色部長門為避免全軍覆沒不得不撤兵，事後色部負起戰敗的責任向新政府軍自首而遭到斬首。

也在廿九日這天，東征大總督府轄下前北陸道鎮撫總督高倉永祜在越後高田養病期間病逝，享年三十歲。高倉前總督自五月八日抵達越後高田後身體狀況始終欠佳，雖在六月十四日解除高倉總督職務，讓他專心養病，然而高倉前總督病情始終未見起色終致病歿。

再次攻下長岡城以及占領新潟港，中越地方大致上已在新政府軍掌控之下，同盟中的新發田藩是越後諸藩中少有的外樣大名，對於幕府的感情不如其他譜代諸藩那樣強烈。當初新發田藩會加入同盟一大半是迫於形勢——周遭諸藩皆是同盟成員，自己若不跟著加入恐怕早被其他同盟諸藩消滅。因此新發田藩身在曹營心在漢，當長岡城得而復失、新潟港為新政府軍攻下以及會津戰場上不斷傳出苦戰的消息，新發田藩認定同盟已趨於瓦解，於是主動向新政府軍歸順，並擔任進攻村上、村松二藩的先鋒。

八月初村上、村松二藩為新政府軍所敗，處決藩內佐幕派家老後，這兩藩脫離同盟歸順新政府軍。為了盡快結束北越戰爭，會津征討越後口總督府透過大總督府徵召此時人在薩摩日當山溫泉（鹿兒島縣霧島市隼人町）療養的西鄉吉之助，將他派往前線。西鄉在上野戰爭一結束即與藩主島津忠義前往京都進入御所向祐宮報告該役戰況，之後返回薩摩前往日當山溫泉療養。由於北越戰爭激烈程度超出預期，會津征討越後口總督府不得不透過大總督府提前打出西鄉這張王牌，希望憑藉西鄉的魅力凝聚北陸戰線的軍心，早日結束北越戰爭。

八月二日，西鄉帶著薩摩藩兵搭乘剛修復完畢、重新服役的軍艦春日丸沿九州西岸北上，吉之助的二弟吉二郎亦在其中。附帶一提，吉之助三弟信吾在鳥羽．伏見之戰受到嚴重槍傷，養傷一陣子後仍在各地活躍作戰。吉之助末弟小兵衛在鳥羽．伏見之戰後跟隨吉之助進入江戶，之後與其他新政府軍從奧州白河進入會津作戰。在此之前西鄉已有數次作戰及指揮戰役的經驗，信吾和小兵衛也有鳥羽．伏見之戰等戰役的體驗，唯獨吉二郎從未上過戰場，對於即將體驗到的戰爭，吉二郎內心多少有點不安。

只要是哥哥指揮的戰役，跟著他就不會錯。

十一日在新潟港登陸，吉二郎立即被派往進入會津的要道八十里越（從新潟縣三條市南經魚沼市，向東轉入福島縣南會津郡只見町的道路，全長約三十公里，現為國道二八九號一部分）追擊敗走的越後長岡藩兵，十四日在五十嵐川（流經新潟縣三條市）遇上以桑名藩為首前來馳援的奧羽越列藩同盟軍。雖然奧羽越列藩同盟已是強弩之末，不過強弩之末若能發揮強弩的攻勢也是會展現出驚人的作戰力，新政府軍為此吃足苦頭，從未上過戰場的吉二郎當場斃命，享年三十六歲。

前文有提到吉二郎是西鄉四兄弟中唯一沒有經歷戰爭體驗，這是因為吉之助在安政、文久年間歷經兩次約五年的流放生活，之後受到久光重用，與小松、大久保成為薩摩鐵三角而長年滯留京都。西鄉四兄弟及其家眷（包括吉之助的後妻糸子及與糸子生下的寅太郎）的生活起居及開銷都由吉二郎張羅，吉二郎不僅一日也無法離開西鄉家，西鄉四兄弟及其家眷更是無法不依賴吉二郎。吉之助不止一次說過「我為了國家竭盡心力奉公，多虧吉二郎代替我撐起照顧這個家的職責。我在年齡上雖是兄長，然而西鄉家實際上的兄長是吉二郎。」

戊辰戰爭結束後，新政府在五十嵐川（新潟縣三條市）豎立《戊辰戰爭紀念碑》以紀念在北越戰爭戰死的新政府軍，吉二郎的法名為「義勇軒猛道忠逸居士」。同時對其遺族（未亡人園及長男勇袈裟、長女ミツ）賜以扶持米七十俵，時間長達三十年。七十俵相當於二百八十斗，即廿八石，與兄長吉之助的永世賞典祿二千石相比自是微不足道，但若以一個首度上戰場即陣亡的士卒而言，長達三十年每年扶持米七十俵的撫卹已是非常優厚，這當然與吉之助之弟的身分不無關係。

另一方面，越後長岡藩家老河井繼之助自七月廿五日與新政府軍爭奪長岡城過程中遭到狙擊受傷，同盟中的仙台、山形、庄內等藩兵先行經八十里越撤退至會津藩境。而城郭再度失守而陷入混亂的越後長岡藩，光是重整四散各地的藩兵便耗去數日，在重整藩兵的同時也為因負傷而不能任意移動身軀的河井製作特製的擔架，河井躺在這特製的擔架上於八月三日與先前三藩一起進入會津藩境。

河井在會津藩得到曾為幕府御典醫兼將軍侍醫松本良順的醫治，松本診斷出河井的傷口已染上破傷風，能有效預防破傷風的疫苗在二十世紀接近中葉時才問世，松本良順對此自然也無計可施。當時正在進行的會津戰爭前線相繼失利，即將進入最後籠城階段，松本判斷河井若留在會津將不利於養傷，因此河井又沿著八十里越撤回越後。

十二日，撤至塩澤村(福島縣南會津郡只見町)的河井染上熱病，已到連躺在擔架上也痛苦難耐的地步，一行人不得不在此停下，找來當地村醫矢澤宗益為河井診治。村醫的醫術自然比不上將軍侍醫，而且長距離的移動讓傷口愈益惡化，河井陷入昏迷。十五日夜，河井突然清醒過來，喚來隨從說道「我若死去，請將遺體火化。」說完又陷入昏迷。

十六日宵五時，河井在塩澤村矢澤宗益住處結束其一生，享年四十二歲。河井病逝數日前的八月十一日，幕府軍在越後的最後據點村上城（新潟縣村上市）被新政府軍攻陷，北越六藩脫離奧羽越列藩同盟，向新政府降伏，至此歷時五個多月、雙方傷亡共約一千五百人的北越戰爭終於畫下句點。

從下野進入奧羽的玄關白河口已在七月十四日攻下（請見第十章），北越戰爭的結束意味著會津從新潟港經八十里越得到的物資補給路線遭到新政府軍阻斷，對於不久即將進入的會津籠城戰可說是極其不利。

五、庄內戰爭

筆者在前章提到奧羽越列藩同盟的締結起因於新政府軍下令征討會津、庄內二藩，在北越戰爭之前，庄內戰爭也已在進行當中。不過當時新政府軍的主力是用在庄內藩以南的會津、北越兩地戰線上，能夠派往征討庄內藩的兵力相當有限。然而，七月四日久保田藩無預警脫離奧羽越列藩同盟使新政府軍派出較大規模兵力征討庄內藩成為可能。

石高二十萬五千石的久保田藩在整個奧羽地方僅次於仙台、會津二藩，為何這樣的一個大藩會捨棄同盟、向新政府輸誠呢？從江戶中期起，興起一門名為「國學」的新興學問，簡單說來「國學」有別於漢學、儒學及當時同樣屬於新興學問的蘭學，是以日本為主體的各種學問。國學在江戶時代發展一百多年，出現四位學問淵博的大師級重鎮：荷田春滿、賀茂真淵、本居宣長、平田篤胤，並稱為「國學四大人」。「國學四大人」只有前三人有師承關係，平田篤胤嚴格說來是宣長的再傳弟子。國學雖在本居宣長時大放異彩，卻是在平田篤胤時與水戶學緊密結合，讓勤王攘夷幾乎與國學劃上等號，也拜兩者劃上等號之賜，連目不識丁之眾也成為國學的信徒。

更重要的是，平田本人便出自久保田藩，雖然慶應四年距平田去世已有廿五年之久，國學的思想因平田的聲望及影響力早已遍及久保田藩內，雖然久保田藩因為地理位置而不得不加入奧羽越列藩同盟，但是他們內心並不想與以錦之御旗為旗幟的新政府軍為敵。奧羽鎮撫總督府中的九條道孝、澤為量、醍醐忠敬三位公卿於七月一日親自來到久保田藩的藩校明德館（秋田縣秋田市中通一丁目）與藩主佐竹義堯見面會談。會談後，一連兩日佐竹義堯不管同盟軍與新政府軍雙方就在久保田城下屏息以待，連夜召集重臣討論久保田藩之後的去向。

接下來的兩天兩夜久保田藩陷入「小田原評定」之境，到三日深夜才在重臣小野岡右衛門的催促下，讓佐竹義堯下定決心投靠新政府。四日藩主對全藩藩士宣布久保田藩將擔任新政府軍征討庄內藩的先鋒，為了取得三卿信任，佐竹義堯當夜下令襲擊仙台藩使節下榻的旅宿，結果二十名使節中，正使志茂又左衛門以下六名遭到殺害，在城下梟首，另有五名使節被捕。

此舉等於宣告與同盟決裂，久保田藩於是成為最早脫離奧羽越列藩同盟的成員，比前節提到的新發田、村上、村松等藩還早約一個月。受到久保田藩脫離同盟的影響，鄰近的龜田、本莊、矢島三藩亦相繼脫離同盟。龜田、本莊、矢島三藩的脫離，對同盟士氣的影響自不在話下，不過，大約一千五百名佐賀藩兵因久保田藩表態而得以依循海路被送進該藩境內準備南下對庄內藩的戰爭，這一影響遠大於龜田、本莊、矢島三藩脫離同盟。

七月十一日新政府軍以桂太郎和大山格之助分別率領薩摩、長州、佐賀、小倉四藩共

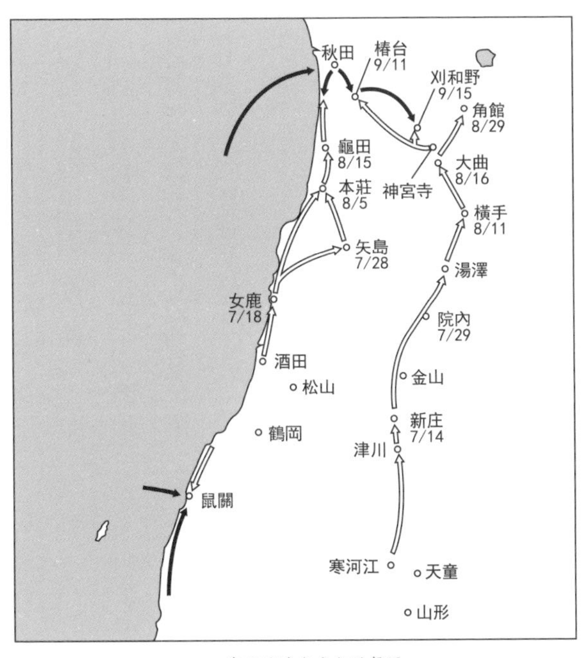

奧羽戰線與庄內進擊圖

約兩千兵進攻久保田藩和庄內藩交界的金山（山形縣最上郡金山町）。筆者在前章已介紹大山格之助是奧羽鎮撫總督府的參謀，他率領薩摩藩兵不過是履行其職責。桂太郎在明治中期以後從第三次伊藤博文內閣起連續擔任四任內閣陸軍大臣，進入二十世紀又與前節提到的西園寺公望進行為期約十一年半的「**桂園交替**」（明治三十四年6月2日起到大正二年2月11日止，首相由代表藩閥的桂太郎和代表政黨的西園寺公望輪流擔任，這段期間桂太郎組閣三次、西園寺組閣兩次。由於兩人與江戶時代後期和歌界的主流桂園派有文字上的巧合，因此以「桂園交替」稱之），迄今為止仍是日本自實施憲政以來任職最久的首相，在將才之外還充分展現出政治上的非凡才能。

話題回到慶應四年當下。還未在軍事上和政治上大放異彩，而且參戰經驗也只有在前年參與四境戰爭，論年紀甚至比第二節提到與越後長岡藩家老河井繼之助在小千谷會談的東山道先鋒總督府軍監岩村精一郎還要年輕的桂太郎（此時年僅廿一歲），之所以能與大山格之助平起平坐主因在於其家格。說到毛利家家臣桂氏，不少人應該會想起戰國時代擁護元就成為家督的十五名宿老之一桂元澄，而桂氏本身又是毛利氏分支。江戶時代桂氏子孫昌盛，共有寄組（次於一門八家，有被任命為家老的機會）二家與大組十二家，桂太郎出身寄組二家之一，是桂元澄嫡系，家格明顯高於幕末頗有人望的桂小五郎（和田氏出身，繼承大組的桂氏）。

經過一日的作戰，同盟軍大敗，仙台藩和上山藩指揮官先後戰死，同盟軍留下的武器、彈藥、糧食為新政府軍接收。雖說同盟軍在庄內戰爭一開始便打個大敗仗，但是戰局並沒有因此兵敗如山倒，雙方爾後在最上川以北到雄物川之間（約山形縣酒田市到秋田縣秋田市之間）彼此拉鋸作戰，大抵說來以庄內藩為主的同盟軍勝多敗少。雖然同盟軍在歷時兩個月左右的庄內戰爭大抵勝多敗少，不過這些勝仗不足以彌補同盟軍在北越、會津戰線的挫敗，隨著前面兩役的結束有更多同盟成員脫離向新政府軍降伏而使同盟淪為空殼。

九月廿六日，在所有奧羽越列藩同盟成員都已向新政府軍降伏，難以作戰下去的庄內藩也只剩下降伏一途，為此庄內藩主酒井忠篤自行前往城外禪龍寺（山形縣鶴岡市新海町）謹慎。廿七日，鶴岡城正式開城降伏，家老菅實秀親自將庄內藩的武器、彈藥造冊清單引渡給新政府軍代表黑田了介。進入鶴岡城的新政府軍來自三十六個藩，共有一萬五千餘人。若照以往規定勝利者入城後是有燒殺搶掠的權利（在會津城下即是如此），然而，黑田特別向進城的新政府軍轉述西鄉吉之助的叮嚀，嚴禁燒殺搶掠，對於降伏的庄內藩家臣寬大對待，不得做出令他們有受到羞辱的行為。

西鄉此舉，多少要與會津城陷後該戰線負責人放任新政府軍進行燒殺擄掠的脫軌行為做出區隔，西鄉的寬大贏得了庄內藩上上下下的感恩戴德。庄內戰爭結束後，西鄉辭官返回薩摩，明治三年十一月，酒井忠篤（明治二年庄內藩改名大泉藩）親率包含菅實秀在內共七十餘名藩士拜訪鹿兒島，再三向西鄉感謝庄內戰爭時的寬大處置。日後西南戰爭爆發，對薩長懷有宿怨的會津藩組織兵隊向明治政府請纓加入政府軍討伐薩摩，以報戊辰之恨，昔日的奧羽越列藩同盟諸藩紛紛響應。唯獨庄內藩與其他同盟諸藩不同調，該藩也組織兵隊，但卻是前往薩摩加入薩軍和政府軍作戰。

西鄉對庄內藩士似乎特別的有好感，他在明治六年十月因是否該派出使節（西鄉本人）前往朝鮮而與岩倉、大久保、木戶等人意見相左而下台。在離開東京之前，西鄉為來訪的庄內藩士寫下一首名為《偶感》（或作《偶成》）的漢詩相贈：

幾歷辛酸志始堅，丈夫玉碎愧甎全。
吾家遺法人知否，不為兒孫買美田。

北越．庄內戰爭結束後，戊辰戰爭即將進入尾聲，第十章筆者將介紹一般說到戊辰戰爭必會提及的會津戰爭（去年的大河劇《西鄉殿》（西鄉どん）除外），在敘述其過程之外也將談及何以會津戰爭結束迄今已超過一百五十年，會津仍未能忘懷與薩長之間的仇恨。

豆知識

越後長岡藩家老河井繼之助

成立超過一百二十年的松竹映畫公司，將於二〇二〇年上映以戊辰戰爭為背景的電影《峠　最後的武士》（峠　最後のサムライ），該電影改編自已故歷史小說作家司馬遼太郎的著作《峠》。筆者在本章結束後的豆知識以河井為主題，除了與來年上映的電影題材有關外，另一目的是想為讀者介紹這位對外國人而言幾近陌生的軍事奇才。

文政十（一八二七）年，繼之助生於長岡城下一個年祿一百二十石的家庭，幼年時曾學過劍術、馬術等武藝，元服後改名秋義（繼之助為其幼名）並進入藩校崇德館學習儒學，就讀藩校期間繼之助深為陽明學吸引，展現出他與眾不同的特質。

繼之助在培里到來的前一年得到藩校教師推薦前往江戶遊學，是繼之助廿六年來首次前往江戶，當然會有無比振奮之感。繼之助在江戶期間除了在昌平坂學問所跟隨當代大儒古賀謹一郎（寬政三博士之一古賀精里之孫）、佐藤一齋等儒者研究學問，之後古賀被幕府任命為新成立的蕃書調所頭取而辭去昌平板學問所職務，改介紹繼之助投入其友人齋藤拙堂門下。另一方面繼之助也透過同藩藩士介紹結識從儒學者轉為蘭學者的佐久間象山，在象山的學塾裡研究蘭學。換言之繼之助在江戶期間幾乎同時學習儒學與蘭學，在當時的江戶繼之助的情形並非個案，而是見怪不怪的常態。

繼之助在江戶期間與同藩的三島億二郎、小林虎三郎等人結為好友，他們不只年齡相近，更因目睹黑船到來導致幕府的慌亂（做出收下培里國書的老中之一正是當時越後長岡藩主牧野忠雅）而萌生藩政改革的志向，繼之助的志向終因三人人微言輕以致無疾而終。

安政五（一八五八）年，當京都深陷安政大獄的恐怖氛圍時，繼之助的人生也進入轉機。這一年十月越後長岡藩藩主牧野忠雅病逝，養子忠恭繼任，是為第十一代藩主。安政六年正月，繼之助再次得到遊學江戶的機會，拜訪昔日恩師古賀謹一郎及其他舊友。古賀從繼之助口中得知他此行前來江戶帶有進行藩政改革的目的，遂建議他前往備中松山藩向該藩儒學者山田方谷請益。

不過，繼之助並不滿足於向山田方谷請益，結束與山田的會面後一路西行，進入九州來到長崎、熊本，開拓自己的見識與見聞。繼之助以日記的方式記錄這段旅途，取名《塵壺》，是研究河井繼之助的第一手史料。安政改元萬延後繼之助才返回江戶，結束第二次江戶遊學。經過兩次江戶遊學，繼之助的閱歷在越後長岡藩幾已無人能及，同年六月被幕府任命為奏者番的牧野忠恭，指定繼之助隨他前往江戶，繼之助隨之受到牧野忠恭的重用。

接下來五年間牧野忠恭從奏者番昇至幕府三奉行之一寺社奉行、京都所司代以及老中。乍看之下五年間一路三級跳至老中令所有大名欣羨不已，然而在幕末時期快速晉升並不是令人愉快之事，因為遇上的每一件事都是令人頹喪到無以復加。

慶應元年四月牧野忠恭辭去老中，回到越後長岡藩，提拔五年來幾乎與他形影不離的繼之助為一代家老，負責主持藩政改革。繼之助至此終於實現嘉永年間與三島億二郎、小林虎三郎等人立下的承諾，此時繼之助三十九歲。

繼之助陸續拜訪幾位永代家老，徵得他們對於藩政改革過程中必須犧牲部分既得利益的同意，繼之助深知永代家老的支持與否才是藩政改革能否成功的關鍵。當中最支持繼之助改革，甚至後來與之建立深厚友誼的當屬山本帶刀(名諱為義路)，此時他年僅廿一歲，最能理解藩政改革的迫切性。有了藩主充分授權，得到永代家老們的支持，繼之助增添不少成功改革藩政的信心。

繼之助推動藩政改革最主要的目標為兵制改革，但是進行兵制改革必須有足夠的財富才行，因此繼之助先將目標放在財政改革上。不少國家或政權推動的財政改革之所以失敗或成效不彰，原因在於改革對象只針對已貧無立錐的平民，對於真正必須改革的特權階級則敬而遠之。更有甚者，某些改革只是淪為假改革之名行財富兼併之實，最終造成富者益富、貧者益貧的結果。繼之助的改革尤其針對權貴階級而來，如筆頭家老稻垣平助（名諱為重光）年祿二千石，繼之助大筆一揮將其削減至五百石，連支持繼之助改革的山本帶刀也從一千三百石減至四百石。其他年祿百石以上的家臣包括繼之助本人均削減至百石左右，年祿未滿百石的家臣則增至百石。除了以身作則外，繼之助針對山坡地、濕地、旱地免課徵稅以鼓勵開發種植，另外還採行種種優惠設施。由於繼之助改革不徇私，遇事秉公處理，因此在短短兩年多內使越後長岡藩的財政有所起色，據說有十餘萬兩的積存。

繼之助將財政改革成功的盈餘用在購買新式武器及引進西洋兵制的訓練方式上，原本越後長岡藩也是以刀、槍、鐵砲（指戰國時代使用的槍枝）等傳統兵器為主，然而，歷經薩英戰爭及四國艦隊砲擊下關等戰役，傳統兵器早已被時代淘汰，唯有購入新式武器才能自保。繼之助認為不僅要購買新式槍枝，更要購買當時日本沒有的新武器，於是他購入兩門在日本幾乎無人見識過的加特林機槍，這兩門機槍日後在北越戰爭發揮功效。

繼之助在不到三年的時間內不僅讓越後長岡藩致富，還讓致富後的越後長岡藩實力增強，戰力居越後第一。但是繼之助強大藩的武力並不是要對抗新政府，他採取的是「武裝中立」的策略，讓越後長岡藩在新政府和幕府的對立外，保持中立立場。可惜，繼之助的努力遇上岩村精一郎這種「kyoroma」，不僅無法維持「武裝中立」，還將越後長岡藩捲進戊辰戰爭的漩渦裡，最後自己更因此喪命（這段敘述可參見本章）。

繼之助病逝後，他的主要支持者山本帶刀率領越後長岡藩兵在會津與新政府軍作戰，可惜九月八日兵敗被捕，翌日在阿賀野川遭到斬首，得年廿四歲。明治十六（一八八三）年政府允許山本家再興，山本帶刀的未亡人收養同藩士族高野貞吉為養子以繼承山本家。山本（高野）貞吉名義上是山本帶刀養子，不過實際上他的年紀比養父大上許多。

繼承山本家的貞吉在明治十七年五十六歲時喜獲一子，雖然並非貞吉長男（實際上是六男），卻是繼承山本家後生下的第一個男孩。貞吉決定讓新生兒繼承山本家，並以生下男孩時的年紀作為新生兒的名字，這位男孩在數十年後以聯合艦隊司令長官身分發動一場前代未聞的長距離偷襲，幾乎顛覆掉美軍在夏威夷的海軍基地，他即是赫赫有名的山本五十六海軍大將。

第十章
會津戰爭

一、攻下白河城

筆者在第八章提到輪王寺宮公現入道親王在上野戰爭結束前在覺王院義觀和其他寺僧協助下撤出寬永寺，五月廿五日在品川沖搭乘榎本武揚艦隊船艦長鯨丸離開江戶，廿八日抵達常陸國平瀉。之後輪王寺宮循陸路進入奧州抵達會津藩。七月二日在仙台藩境內白石城被擁戴為奧羽越列藩同盟的盟主，以盟主身分向奧羽越諸藩下達令旨，正式向新政府宣戰。

上野戰爭之前，已經完成軍制改革的會津藩（請參照第八章第四節）在閏四月廿日派出藩兵及山口二郎（齋藤一的化名）率領新選組攻下由石高十萬石的外樣二本松藩駐守的白河城（福島縣白河市郭內，也稱為白河小峰城），白河城附近有關東進入奧州的玄關之一白河關。雖然一部分新政府軍還在江戶與彰義隊對峙，不過，新政府軍以甫在四月攻下的宇都宮城為據點，兵分兩路，一路由板垣退助領軍進攻日光附近的今市宿；一路則由伊地知正治率領薩摩、長州、大垣、忍四藩藩兵進駐大田原藩（大致位在栃木縣大田原市）以伺機進攻為會津藩進占的白河口。

白河口是關東進入奧州的玄關之一，意味著若新政府軍攻下此地，會津藩領便會受到新政府軍的威脅，因此會津藩不斷向白河口增兵。閏四月廿六日，家老西鄉賴母與若年寄橫山常守（通稱主稅）分別被任命為白河口總督與副總督，此外還帶來三中隊及一小隊，加上廿八日前來支援的仙台、棚倉等藩的兵力，白河城總計超過三千人。

相較於同盟軍人數在三千以上，伊地知正治指揮由薩摩、長州、大垣、忍四藩組成的新政府軍只有七百餘人，伊地知急於立功，不等援軍到來，在廿四日夜四時下令從蘆野（栃木縣那須郡那須町）出發朝白河城移動。伊地知原本想夜襲白河，孰料蘆野到白河一帶連日大雨，道路泥濘不已，使得新政府軍直到廿五日天亮才到白河城下，同盟軍以逸待勞的迎戰未占任何優勢的新政府軍，將其擊退。

灰頭土臉的伊地知只好向剛在今市之戰傳出捷報的板垣退助求助。筆者在第七章第五節介紹新政府軍在板垣退助的指揮下，分別在閏四月廿日和五月六日兩次擊退大鳥圭介率領的幕府軍和山川大藏率領的會津藩兵的進攻。板垣退助在兩次今市之戰的空檔氣定神閒地率軍前往七、八十公里外馳援伊地知正治。然而，就算加上板垣的援軍，新政府軍兵力只占同盟軍三分之一強，戰力指標之一的大砲數也只比同盟軍多一門（七門對六門），雖是如此，新政府軍士氣因為戰無不勝的板垣加入而大大提振。

板垣將一千餘新政府軍分成三隊，自五月一日曉七時起每隔兩小時從蘆野出發進攻白河城。前文已經提到，新政府軍即便加上板垣的援軍也只有略多於同盟軍三分之一左右，照理而言兵力如此稀少不宜再進行切割。然而，板垣將新政府軍細分成三隊卻發揮出最大戰力，配合大砲的轟擊到該日午後攻入白河城內。進入白河城內的新政府軍依舊銳不可擋，打得同盟軍難以招架，家老西鄉賴母在日落前率軍棄城而去。新政府軍此役戰果非常驚人，戰死十名、負傷三十八名；同盟軍包含白河口副總督横山主稅在內，戰死超過七百名，負傷人數雖不詳，恐怕亦有上百名，新政府軍取得壓倒性的勝利。

一般說來攻城戰攻方必須有守方三倍以上的兵力才有勝算，因為攻方在攻城過程中會造成極大傷亡。但是，板垣指揮的白河口之戰徹底顛覆這一不成文公式，攻方兵力不僅不到守方三倍，反而只有守方三分之一，攻方以如此拮据的兵力締造出令人難以置信的戰果。不過，白河口之戰一面倒的戰果並不光是板垣傑出的軍事才能，同盟軍各藩間指揮紊亂、指揮各藩藩兵的家老對新政府軍的作戰意志不一致也是造成此次懸殊戰果的原因。

五月六日，奧羽列藩同盟擴大為奧羽越列藩同盟，白河城失陷對於同盟而言等於失去阻絕新政府軍進入奧羽地方的天然要隘，不管會津藩或是整個奧羽越列藩同盟都能感受到新政府軍帶來的軍事上的威脅。因此同盟軍在五月廿六日、廿七日、廿八日、六月十二日、廿五日、七月一日、十四日總計七次對白河城發動攻擊，同盟軍頻頻發動攻擊的目的，不外是要重新奪回白河城。

不過，隨著五月六日第二次今市之戰、五月十五日上野戰爭等戰役獲勝，關東地區在新政府要員的進駐下逐漸恢復幕府時代的秩序，原本在關東各地作戰的新政府軍也在秩序恢復後繼續派往北越戰線及白河城駐守，增添同盟軍收復白河城的難度。

二、鄰近諸藩的降伏

新政府軍抵抗同盟軍的同時，另一方面取道海路往奧州輸送軍隊。這支軍隊與當初輪王寺宮進入奧州的路徑相同，為了讓這支軍隊能夠安全抵達白河城，位在平瀉通往白河城的交通重鎮棚倉城（福島縣東白川郡棚倉町）成為新政府軍首要的攻擊目標。

六月十六日，從品川出海的新政府軍在平瀉登陸。同盟軍早已派出一支由二百名仙台藩兵、二百名相馬中村藩兵、一百名會津藩兵以及二百名棚倉藩兵組成共七百名聯軍準備消滅這支新政府軍，由於平瀉屬於已向新政府效忠的水戶藩領地，聯軍只能在奧州境內埋伏，沒想到錯失殲滅這支新政府軍的機會，最後只能各自解散返回原藩。

廿三日，家格為羽林家的公卿鷲尾隆聚被新任命為奧羽追討總督參謀（總督亦為羽林家出身的公卿正親町公董，不過此時他人在江戶）。這位年僅廿六歲的年輕公卿一到白河城便下令新政府軍進攻棚倉藩，雖然鷲尾的命令可能只是出於一時衝動，不過，卻也不是完全做不到，因為，當時全日本最佳的野戰指揮官板垣退助就在白河城內。

在敘述進攻棚倉藩之前，先容筆者談個小插曲。

維新之後某日，有位薩摩出身的晚輩前來拜訪西鄉吉之助，這位晚輩與西鄉談及日本當時的局勢。問道：

萬一國外出現重大變故，我國不得不對外派兵，誰是最適合的統帥人選？

西鄉毫不遲疑地說道：

板垣退助。

晚輩又繼續問道：

如果板垣有事無法分身，那麼誰能夠接下重任？

西鄉同樣毫不遲疑地說道：

桐野利秋。

從以上筆者談及的小插曲可知，連薩摩藩的西鄉都知道板垣在軍事上的天賦。既然板垣在戊辰戰爭期間戰功彪炳，進入明治時代若往兵部省發展恐怕連西鄉、大村益次郎、山縣有朋等人都要相形失色。然而，板垣在戊辰戰爭結束後並沒有發揮其專長往軍界發展，而是選擇留在新政府裡擔任參議。

明治初年太政官以太政大臣和左右大臣為首，但是太政大臣三條實美並不具備政治才能，這點筆者在前作已多次提及。左大臣在明治十三年以前大部分時候呈現空缺狀態，是新政府刻意為島津久光保留的職務，因此實際上真正作為太政官之首的是右大臣岩倉具視。然而，明治初年太政官實權並不在於太政大臣、左大臣或右大臣，而是牢牢掌控在名為參議的手上。參議人數不固定，最初只有四人，在西鄉下野前夕增至八人，西鄉下野後擴增至十人以上，除了勝海舟外全由薩、長、土、肥四藩包辦。板垣在明治初年之所以捨軍界往政界發展，在於板垣認為土佐藩在戊辰戰爭期間立下的功勳足以分配參議的位置，而他是土佐最適合擔任參議的人選。

如果武市半平太、中岡慎太郎沒有在幕末死去，以他們不下於西鄉、大久保、木戶等所謂「維新三傑」的經歷與資質，應該都比板垣更適合擔任參議。然而，土佐藩在明治初年的現狀是沒有適合擔任參議的人才，因此板垣才會萌生由自己來任職的念頭。板垣更令人叫絕的是，他似乎從未對把戊辰戰爭期間打贏好幾場勝仗的自己排除在外的兵部省產生過怨懟心理。

再把話題回到進攻棚倉藩上。

板垣在鷲尾參謀下令當日率領八百新政府軍往十餘公里外的棚倉城前去，原本前來馳援的會津和相馬中村等數百名藩兵相繼在板垣到來前撤回，也遲遲等不到仙台和三春的援兵。被板垣包圍在城下的三百餘名棚倉藩兵，歷經一晚抵抗，廿四日在城下放火後四處逃去，幾乎不費一兵一卒便攻下棚倉城。

板垣挾快速攻下棚倉城之威，廿八日與增援的新政府軍會合，向棚倉藩附近的磐城平、泉、湯長谷三藩用兵。這三藩雖有譜代、外樣之分，共通點在於都是小藩，石高數最多的磐城平藩也才六萬七千石，就算一口氣平定三藩也並非不可能。不過，實際作戰起來可又是另一回事。泉、湯長谷二藩在新政府軍大軍壓境下於廿八、廿九兩日先後豎起白旗，向

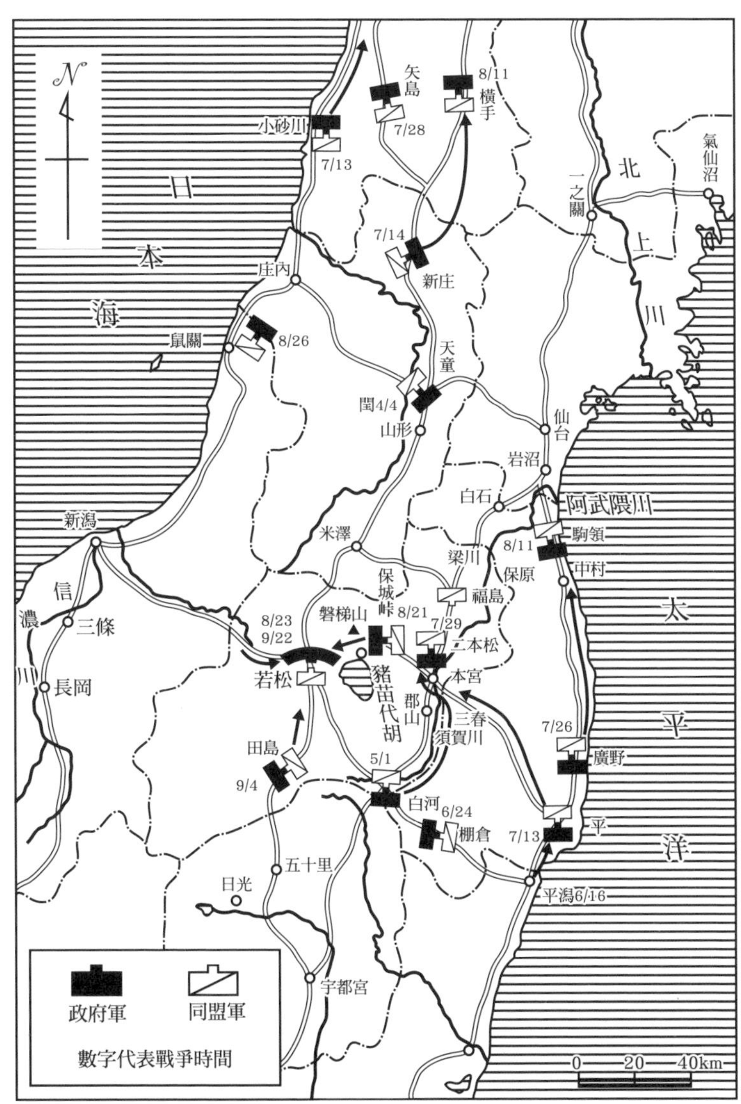
日
本
海
北上川
氣仙沼
一之關
矢島
橫手
小砂川
7/13
7/28
8/11
7/14
新庄
庄內
鼠關
8/26
天童
閏4/4
山形
仙台
岩沼
白石
阿武隈川
駒領
8/11
中村
米澤
梁川
保原
福島
保城峠
新潟
信濃川
三條
長岡
8/23
9/22
磐梯山
8/21
7/29
二本松
本宮
若松
豬苗代胡
郡山
三春
須賀川
田島
9/4
5/1
白河
6/24
棚倉
7/26
廣野
平
7/13
平潟6/16
太平洋
五十里
日光
宇都宮
政府軍
同盟軍
數字代表戰爭時間
0 20 40km

奧羽戰爭地圖

新政府降伏。磐城平藩由於有仙台、米澤、相馬中村等藩的援兵，使得兵力已分散到各地的新政府軍不易集中兵力進攻磐城平藩。

眼見磐城平藩不易令其降伏，板垣退助於是另闢戰場，北上進攻三春、守山二藩。三春藩是個五萬石的外樣小藩（藩主為秋田氏），與周遭的譜代和外樣一樣採取佐幕立場。在閏四月兩次白石會議期間與周遭二十幾個藩一同加入奧羽列藩同盟，日後輪王寺宮停留三春藩期間更提供藩主家菩提寺龍穩院（福島縣田村郡三春町）作為下榻處。

六月廿四日棚倉城失陷後，新政府的勢力開始伸入奧羽，進入七月，新政府軍的聲勢有擴大之勢，三春藩藩論於是丕變，向新政府恭順的主張逐漸成為主流。主張向新政府恭順的三春藩士組成以河野廣胖、河野廣中兄弟為首的斷金隊，主動與板垣退助等新政府軍首腦接觸，希望能不透過作戰便讓三春藩主動降伏。河野廣胖、河野廣中兄弟不僅與新政府軍首腦接觸，同時也在勸說年幼的藩主秋田映季及映季的**後見役**（未成年的家督・當主的輔佐人，多半有血緣關係）秋田主稅。秋田主稅判斷奧羽越列藩同盟終將不敵新政府軍，主動開城降伏才能保全三春藩，因此命河野廣中在七月廿六日向板垣遞上降書，次日主動開城降伏。

對奧羽越列藩同盟而言，不戰而降的三春藩形同倒戈。前章提到的村上藩（三春藩的降伏還早於村上藩）以及前文提到的泉、湯長谷二藩，至少還與新政府軍交戰失敗才降伏。遭到背叛的同盟下令殺害三春藩在其他同盟諸藩的藩士，總計有大關兵庫、大山巳三郎、不破關藏、渡邊喜右衛門四位三春藩士在廿六、廿七兩日遭到殺害，今日在三春城本丸跡（福島縣田村郡三春町）附近另立一「明治戊辰役三春藩烈士碑」以紀念四位無辜受害的三春藩士。

斡旋於三春藩主後見役與板垣退助間的河野廣中此時才廿歲，他之後的生涯值得筆者為讀者介紹。後來河野率領三春藩兵加入新政府軍，與板垣一起轉戰之後的二本松藩戰爭和會津戰爭，是少數出身奧羽諸藩卻在戊辰戰爭期間為新政府立下戰功的人。河野出身經營吳服、釀酒的家庭，富裕的家境讓他在進入明治時代後有前往東京的機會。當時適逢文明開化時期（約明治四年到八年），河野在東京大量吸收到最新譯成日文的西洋政治學書籍，奠定他追求自由民權的基礎。

因征韓論失敗而下野的板垣，回到故鄉高知籌組愛國黨、立志社等以開設民選議院為訴求的政治組織。東京雖是開文明開化風氣之先，但或許是帝都之故，反而沒有敢挑戰君權的政治組織，直到西南戰爭結束後，明治十一（一八七八）年東日本終於出現第一個政治團體三師社，創立者即是河野廣中。

明治十三年，板垣鑒於投身自由民權運動者眾，提倡將所有政治組織、團體合併為一大社團「國會期成同盟」，並選出土佐藩出身的片岡健吉與河野廣中兩人代表向太政官及**元老院**（明治初期日本的立法機關，前身為左院。由於明治時代日本人對三權分立的認知不足，因此元老院始終無法與太政官鼎足而立，元老院議長、副議長及議官成為有名無權的閒官，元老院也被譏為「元左院」，帝國議會成立後廢止）遞交超過八萬七千人連署的請願書（太政官和元老院拒收），河野廣中逐漸累積出全國性知名度。

明治十四年以板垣退助為總理、中島信行為副總理的自由黨成立，河野廣中此時獲選為福島縣議長因而未擔任自由黨職務，河野雖未擔任黨職，但是他在議長任期內讓自由黨在福島縣甚至整個東北紮根，其貢獻並不輸給自由黨其他黨員。明治十五年，政府任命有「鬼縣令」之稱的三島通庸為福島縣令，身負「撲滅自由黨」任務的縣令與具自由黨員身分的議長很快在縣廳、縣議會起了衝突，此即「福島事件」。

「福島事件」在司法權未能獨立的明治時代導致河野廣中被判處七年徒刑，雖然最後因為帝國憲法頒布大赦政治犯而提前一年出獄，但是在河野監禁期間自由黨與大隈重信成立的立憲改進黨互相攻訐而解散，自由民權運動也因此沉寂多年。為迎接明治廿三（一八九〇）年七月一日舉行的第一回眾議院議員選舉，前自由黨有地方性影響力的重要人士如河野廣中、林有造、大井憲太郎、松田正久各自以其成立的政黨投入選舉。開票結果民黨大獲全勝，河野廣中、林有造、大井憲太郎等舊自由黨三派聯合松田正久成立新政黨立憲自由黨，依舊以板垣退助為總理。合併後的立憲自由黨成為帝國議會第一大黨（但未過半），不過，立憲自由黨一開始就存在河野廣中（大同俱樂部）、林有造（愛國公黨）、大井憲太郎（大同協和會）、松田正久（九州同志會）等四個派系。

立憲自由黨十年後被伊藤博文收編為立憲政友會，立憲政友會又是戰後日本最重要的政黨自由民主黨的前身（簡稱自民黨）。自民黨向來被評為「黨中有黨、派內有派」，派系林立的情形其實在立憲自由黨可窺一二，而河野廣中可說是「黨中有黨、派內有派」的始作俑者之一。

三春藩降伏的同日，河野廣中立即率軍加入新政府軍。如此一來，嚴重威脅到與三春藩距離不到一日的守山藩，該藩雖是水戶藩的支藩（御三家的支藩稱為御連枝），石高數只有兩萬石。連石高數五萬石的三春藩都不戰而降，何況守山藩的母藩水戶藩也已投靠新政府，守山藩實無與新政府軍交戰的理由。廿八日，守山藩步三春藩後塵，不戰而向新政府降伏。

今日的福島縣地形大致上可以分成三部分：

最西邊稱為「會津」（並不等於行政區域的會津），是越後山脈（西）和奧羽山脈（東）之間的日本海內陸地區。

中間地帶稱為「中通」（中通り），是奧羽山脈（西）和阿武隈高地（東）之間的內陸地區，福島縣廳所在地福島市即位於「中通」地區北端。

最東邊稱「浜通」（浜通り），是阿武隈高地（西）和太平洋（東）之間的沿岸地帶。

要進攻會津前應先降伏「中通」地區和「浜通」地區的奧羽越列藩同盟成員，棚倉藩、三春藩、守山藩皆位在「中通」地區，磐城平、泉、湯長谷三藩則位在「浜通」地區。既然進攻磐城平藩還在持續中，板垣應該以三春藩、守山藩以北的二本松藩為下一個作戰目標。

寬永二十（一六四三）年，第二代白河藩主丹羽光重移封二本松藩，石高從十萬石微調至十萬七百石。對外樣而言，十萬石不算大藩，不過二本松藩的格式卻是僅次國持大名（包含大身國持）的準國主（在江戶城的伺候席為大廣間，這是國持大名、大身國持、一部分的御家門和御連枝拜謁將軍的席次），這應與丹羽光重有著丹羽長秀的血緣有關（光重是長秀長男長重的三男，即長秀之孫）。

二本松藩不像三春藩那樣在新政府軍壓境下一兵未戰，便主動打開城門降伏。既然勸降無效，兵貴神速，板垣立即在廿六日晚調動兵力，聚集忍、黑羽、土佐、三春、大垣、館林、彥根等藩藩兵，準備在廿七日朝二本松城（福島縣二本松市郭內）發動奇襲。

廿七日夜八時，新政府軍在距離二本松城還有數公里的路程上發現二本松藩兵，板垣立即發動奇襲。板垣突如其來的奇襲讓二本松藩難以招架，在損失約六十餘名藩兵後往北撤退至本宮村（福島縣本宮市）。

要追擊至本宮村穿過福島境內第一長河阿武隈川是最快的捷徑，急於立功的薩摩藩兵在隊長川村與十郎（維新後改名純義）和野津七次率領下冒險涉水，薩摩此舉受到埋伏在河岸旁的二本松藩兵狙擊，造成不少傷亡。相對之下，板垣保持一定的步調，不管面臨有利或是不利的情況，板垣都能沉著以對而不躁進，這是他又一個適合擔任統帥的優點。板垣不急於涉水渡河，而是以射程優於同盟軍的槍枝在河岸掃射，確定沒有埋伏後再緩緩涉水。在板垣從容的指揮下新政府軍在當日取得本宮之戰的勝利，並且將二本松藩兵逼回二本松城。

廿八日，前來馳援二本松藩的仙台藩兵及其他同盟軍與新政府軍為爭奪本宮村而發生衝突，激戰一日未能奪下反遭擊退。廿九日板垣安排忍藩、大垣藩在本宮村南邊的郡山（福島縣郡山市）防範同盟軍攻來，命柳川藩、大村藩作為預備隊支援忍藩、大垣藩外，其餘近兩千名新政府軍在明六時統一進攻二本松城。

板垣在二本松城南約二公里的大壇口擊潰二本松藩兵後，二本松藩只剩初代藩主丹羽光重修築的擁有三重天守的二本松城可以抵擋新政府軍的侵攻。當時二本松藩主丹羽長國臥病在床，由家老丹羽一學（名富穀）指揮大局，基於安全起見一學派人將臥病的藩主送往其養子長裕（第十二代米澤藩主上杉齊憲九男）生家米澤藩上杉家。家老的用意無非是讓自己沒有後顧之憂，可以全心指揮作戰。然而，據考察二本松藩全體藩兵大概只有兩千三百左右，連日來與新政府軍激戰都沒有得到充足的休息，在身心方面都已無比疲憊，抵擋不住新政府軍一波又一波的攻勢終於守不住二本松城。

丹羽一學與其他幾位主戰派如郡代丹羽新十郎（名正名）、城代服部久左衛門（名保定）負起戰敗責任在自宅切腹，介錯者放火燒毀其宅邸。另一位城代丹羽和左衛門（名弘道）及勘定奉行安部井又之丞（名良明）在本丸切腹，其餘主戰派也多半戰死，總計超過四百人戰死，若再加上兩日來大小戰役的死傷，二本松藩傷亡人數逼近五百人，幾乎占了全藩五分之一強，整個戊辰戰爭恐怕沒有其他藩可與之相比。

丹羽一學將有病在身的藩主送往米澤藩養病並與數名家老切腹結束性命，無非出於向新政府說明戰爭與藩主無關並毅然扛起戰爭責任（儘管並非由他們主動發起戰爭）。然而，九月四日人在米澤藩的丹羽長國與生父上杉齊憲一起向新政府軍降伏，一時間丹羽家的領地盡皆沒收。好在丹羽一學等人挺身而出，將戰爭的責任轉嫁到自己身上，新政府對二本松藩丹羽家改處削減五萬石的處分並允許使家名再興。

二本松藩降伏後，板垣繼續率軍攻擊東邊的相馬中村藩。相馬中村藩出於形勢所迫才加入奧羽越列藩同盟，本身未必與新政府軍有所對立。二本松城於七月廿九日開城降伏後，包含仙台藩兵和米澤藩兵在內的同盟軍紛紛取道相馬中村藩領撤回自己的藩，無形中等於捨棄該藩，任由其自行與新政府軍作戰。

可惡！竟然捨棄我們，既然同盟不仁在先，就別怪我們不義了。

石高六萬石的相馬中村藩自然無法與新政府軍為敵，對形同被同盟軍拋棄的作為亦有所不甘，在家老們的勸說下，藩主相馬誠胤派出使者求見在浪江（福島縣雙葉郡浪江町）督戰的四條隆謌（此時職務為仙台追討總督），轉達願意降伏的決定。八月六日，相馬中村城（福島縣相馬市中村字北町）正式開城降伏，四條隆謌總督七日為新政府軍簇擁進城，相馬充胤、相馬誠胤父子於九日自行進入相馬氏歷代菩提寺長松寺（福島縣南相馬市原町區鶴谷字台畑）謹慎。

糾結多時的進攻磐城平藩也在八月七日落幕，如此一來，福島縣境內「中通」地區和「浜通」地區都已被新政府軍攻下，鄰近的北越戰爭也到了即將結束的階段，會津藩逐漸陷入四面楚歌的局面。

三、二本松少年隊的奮戰

筆者在這一節要特別提一下二本松之戰期間的一場悲壯戰役，當板垣的部隊來到二本松城南約兩公里名為大壇口時，發生一場在今日看來仍被視為悲劇的戰役。被視為悲劇的原因並非該役犧牲慘重，而是二本松藩西洋流砲術師範木村銃太郎竟然率領一支六十二名年齡介於十二到十七歲的少年隊伍作戰。說到幕末時期未成年的少年隊士，讀者首先應該會想到會津藩白虎隊，然而並非只有會津藩才有少年隊士，在戰場上犧牲的少年隊士也並非只有會津藩白虎隊，二本松藩少年隊才是最早與新政府軍作戰犧牲的少年隊士，只不過在名氣上二本松藩少年隊遠不如會津藩白虎隊來得有名。

前文有提過二本松藩全體藩兵大概只有兩千三百左右，自五月六日奧羽越列藩同盟成立以來，僅有的兩千三百藩兵多次在各地作戰，不僅沒有充分休息，在各地作戰之餘也頗有兵源不足之感。為了保衛藩國，不得不針對尚未元服的家臣之子施以入門的軍事訓練。原本徵募年齡為接近元服的十六、七歲，但由於應徵者眾，只好不斷放寬年齡限制到十二歲。與板垣作戰的少年隊並不像會津藩那樣有白虎隊正式隊名，在大正六(一九一七)年舉行

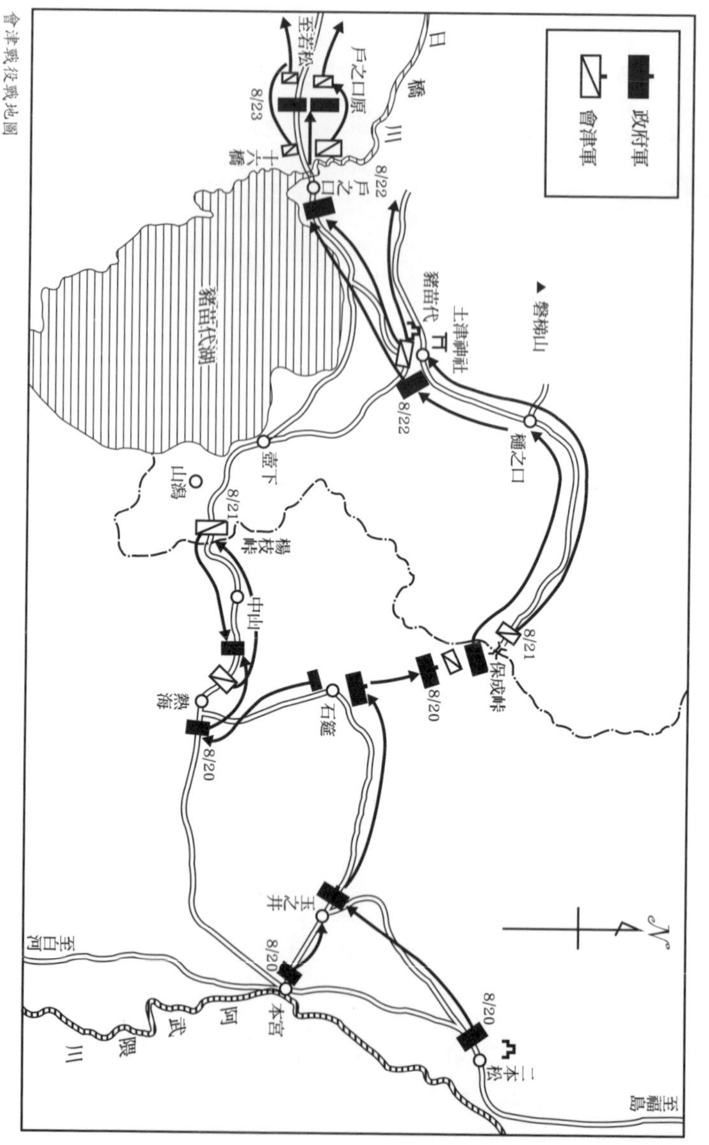
政府軍
會津軍
磐梯山
土津神社
豬苗代
豬苗代湖
戶之口
戶之口原
十六橋
至若松
日橋川
8/23
8/22
樋之口
壺下
山潟
8/21
楊枝峠
中山
熱海
石筵
保成峠
8/20
玉之井
本宮
二本松
阿武隈川
至白河
至福島

會津戰役戰地圖

「戊辰戰歿者五十回忌」，往昔二本松藩士後裔才提議命名為「二本松少年隊」。

這支少年隊據之後學者的研究，其隊士年齡分布如下（年齡按當時慣例以虛歲計算）：

隊長——木村銃太郎（廿二歲）

副隊長——二階堂衛守（三十三歲）

十七歲——六名。

十六歲——十二名。

十五歲——十名。

十四歲——十九名。

十三歲——十四名。

十二歲——一名。

根據倖存者的證言，二本松少年隊配備一門四斤山砲，每位隊員也都配有一支米尼葉槍，而且在成軍前曾受過數個月的軍事訓練，因此二本松少年隊還是有一定程度戰力。事實上少年隊剛接觸到板垣的軍隊時，在隊長木村一聲令下，四斤山砲對新政府軍發了幾砲，取得數人受傷的戰果。

只是少年隊面對近三千名新政府軍，再怎麼勇猛善戰也無濟於事。不久木村隊長中彈，少年隊士以生澀的劍術為其介錯，兩名年幼隊士抓著首級上的頭髮往北撤至歷代藩主的菩提寺大鄰寺（福島縣二本松市成田町一丁目）。儘管勝負已定，追擊到大鄰寺的新政府軍仍毫不留情地開槍，少年隊士紛紛倒下。據事後統計，戰死的少年隊士有（括弧內為戰死時的年齡）：

德田鐵吉（十三歲）、高橋辰治（十三歲）、遊佐辰彌（十三歲）、岡山篤次郎（十三歲）、大島七郎（十三歲，傷重死去）、小川安次郎（十三歲，傷重死去）。

成田才次郎（十四歲）、木村丈太郎（十四歲）。

奧田午之介（十五歲）。

田中三治（十六歲）、根來梶之助（十六歲）、上崎鐵藏（十六歲）。

岩本清次郎（十七歲）、大桶勝十郎（十七歲）、中村久次郎（十七歲）、小澤幾彌（十七歲）。

彷彿伴隨著這些青春性命的消逝，二本松城也在戰亂中著火起來。

二本松城在今日被劃入「縣立霞ヶ城公園」，在本丸御殿以南有二本松榮譽市民且又是雕刻家橋本堅太郎製作的「二本松少年隊群像」及彰顯碑，城南大鄰寺亦有戰死的二本松少年隊士其中十四人的供養塔。

四、占領母成峠陣地

筆者在前三節介紹新政府軍平定「中通」地區和「浜通」地區的過程，不過嚴格說來這只是平定「中通」地區和「浜通」地區的其他藩，而不是平定會津藩領地。一般所謂的「會津戰爭」應該包含兩部分：一是斷絕會津藩來自外部援助的戰爭，前章以及本章前三節敘述的內容屬於這一部分；另一才是新政府軍與會津藩之間的戰爭，本章第四、第五、第七等三節敘述的內容屬於這一部分。

如果將前章及本章前三節的征討算在內，廣義的會津戰爭有五個多月，與北越戰爭幾乎不相上下；但如果從本節母成峠之戰開始算起的話，會津戰爭只有一個月左右。

地理上的「會津」是個典型的盆地，東西南北分別為奧羽山脈、越後山脈、下野山地（包含帝釋山脈、大佐飛山地）、飯豐山地，這些山脈和山地綿延相連，海拔幾乎都超過兩千公尺，加深會津與外界的隔絕，不過也讓新政府軍進攻會津變得困難重重。今日會津盆地對外的交通要道大致有以下三條：

JR磐越西線——從福島縣郡山市經由會津若松市到新潟縣新潟市。

JR只見線——從福島縣會津若松市到新潟縣魚沼市。

磐越自動車道——從福島縣いわき市到新潟縣新潟市。

這三條交通動脈進出會津盆地途經的三個隘口中有兩個是自古以來會津的對外門戶，分別是八十里越和母（保）成峠。前者是筆者前章介紹北越戰爭時曾多次提及，後者則是筆

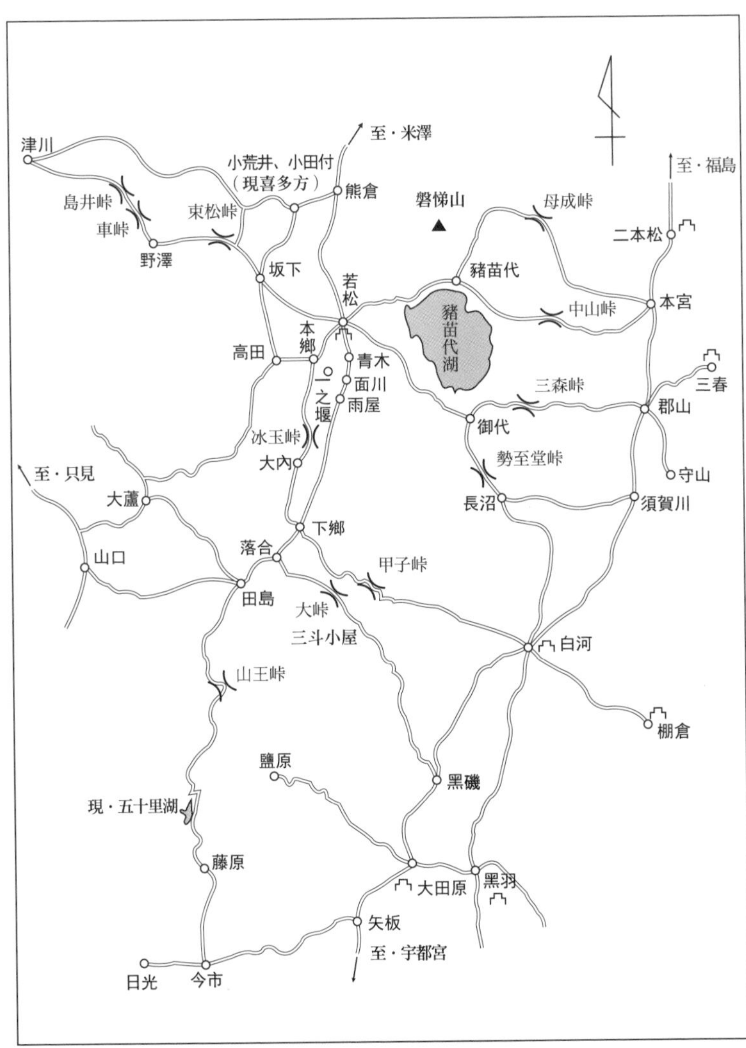
至・米澤
津川
小荒井、小田付
（現喜多方）
熊倉
磐悌山
島井峠
車峠
束松峠
野澤
坂下
若松
母成峠
二本松
至・福島
豬苗代
中山峠
本宮
豬苗代湖
本鄉
高田
青木
面川
雨屋
一之堰
三春
三森峠
郡山
御代
冰玉峠
大內
勢至堂峠
守山
至・只見
大蘆
長沼
須賀川
下鄉
落合
山口
甲子峠
田島
大峠
三斗小屋
白河
山王峠
棚倉
鹽原
黑磯
現・五十里湖
藤原
大田原
黑羽
矢板
至・宇都宮
日光
今市

者在本節要提到的「主角」。

母成峠位於福島縣耶麻郡猪苗代町，猪苗代町境有內日本第四大湖猪苗代湖而聞名，母成峠就位在海拔超過一千八百公尺的磐梯山和猪苗代湖之間狹窄的通道，是近代之前「中通」地區進入會津的唯一要道，也是會津藩東境的門戶。因此，母成峠成為進攻會津藩的新政府軍和抵擋新政府軍進攻的會津藩兵相爭的要衝。

八月七日，相馬中村藩和磐城平藩同時降伏，新政府一舉平定「中通」地區和「浜通」地區，接下來為進攻會津藩的門戶母成峠而調動兵力。隨著周遭的盟友陸續向新政府降伏而逐漸得不到援兵的會津藩到八月初終於傳出好消息，在第二回宇都宮城攻防戰負傷（參見第七章第四節）的鬼副長土方歲三，接受從江戶撤退至會津的松本良順細心治療，並在城東的東山溫泉療養四個多月後終於在母成峠之戰前夕歸隊。

土方在會津養傷期間從松本良順口中得知近藤遭到斬首的消息，土方再把近藤被斬首的消息轉告以前在京都時的長官松平容保，容保對這位昔日得意助手的死也感到哀傷，特贈以「貫天院殿純忠誠義大居士」作為近藤的戒名。土方在溫泉療養期間還請求松平容保在天寧寺為近藤建造墓所，每月廿五日土方會到此地祭拜近藤，為近藤祈求冥福。

在土方養傷期間，新選組幾乎交由化名為山口二郎的齋藤一指揮。若論劍術上的造詣，齋藤一和土方不遑多讓，不易分出高下優劣。但若論及領導統御能力，齋藤一顯然輸了土方一大截，在齋藤一領導下的新選組，似乎少了一股鬥志的激情，難以發揮出最大戰力，因此土方的傷癒歸隊，對於新選組或是會津藩都有鼓舞士氣的作用（不過，對實際戰局影響有限）。

八月廿一日，板垣退助和伊地知政治兩位參謀率領兩千到三千名由薩摩、長州、土佐、大垣、大村、佐土原等藩兵組成的新政府軍，進攻「中通」地區進入會津的要道母成峠，會津藩這邊除了自身藩兵外，另有大鳥圭介的幕府傳習隊、二本松藩、仙台藩以及新選組應戰。

回到睽別四個多月的戰場，土方血液裡的戰魂重新被喚醒，依舊率領新選組衝在前頭。

為死去的局長和其他弟兄復仇！

先前的戰役裡，只要土方拔出愛刀「和泉守兼定」便能激起新選組隊士高昂的鬥志。然而，如今新選組雖仍有近百名隊士，但多半是轉戰甲斐勝沼、宇都宮以及在會津養傷期間招募的，作戰經驗、劍術修練、團隊默契都不能與京都時代以來的新選組隊士相比，新選組整體戰力遠非昔比。不僅新選組戰力大打折扣，連會津藩兵、幕府傳習隊及同盟軍士氣都不高昂，因為相較於新政府軍有二到三千名，母成峠的守軍只有八百名左右。同盟軍好不容易湊出七門大砲應戰，但新政府軍卻有二十餘門大砲，火力上將近二十門大砲的差距任憑新選組劍術如何高超也難以彌補。此外，新政府軍統帥之一是一個多月來戰無不勝的板垣退助，有他站在前線，新政府軍個個信心無比而鬥志昂揚，綜合這些不利同盟軍的因素，雙方尚未交戰似乎已能分出勝負。

戰局在朝五時半左右點燃。大鳥利用狹長的地形將陣地分為萩岡、中軍山、母成峠三陣，將受過西式訓練且善戰的傳習隊安排在萩岡。儘管大鳥精心安排陣勢，萩岡仍在極短時間內被新政府軍攻克。新政府軍占領萩岡便能推出大砲砲擊中軍山，配合新政府軍的側面攻擊，中軍山陣地很快也宣告失守。

新政府軍將所有大砲排在中軍山陣地，頻頻向母成峠陣地發砲，同盟軍雖有五門大砲可供反擊，在對方二十餘門大砲面前猶如隔靴搔癢。夕七時左右，同盟軍紛紛撤往西邊的猪苗代、十六橋，會津藩東境出現缺口，這個缺口在未來一個月不斷擴大。

根據現在的資料，不清楚土方在母成峠之戰的所在位置，不管他是在萩岡、中軍山或是母成峠，恐怕都沒有發揮劍術的餘地。土方在母成峠之戰結束後帶著島田魁、中島登等幾位新選組隊士前往庄內藩尋求救兵，因為會津周遭的藩不是已經降伏便是接近降伏（北越諸藩）。土方曾問過齋藤一是否要一起前去庄內，齋藤選擇留在會津藩作戰，兩人從此永別。

不過，當土方來到庄內藩赫然發現庄內戰爭正在進行當中，土方判斷庄內藩沒有派出援兵的能力，於是來到同盟中居舉足地位的仙台藩。土方在那裡首度遇見幕府前海軍副總裁榎本武揚、軍艦頭荒井郁之助、軍艦頭並甲賀源吾等榎本艦隊的首腦，由於會津藩深處內陸，榎本艦隊根本派不上用場，與其前去馳援會津，倒不如另外尋找新天地以作為中興幕府的基地。土方折服於榎本的說法，於是留在仙台。如果土方返回會津的話，他很有可能在會津城降伏當日結束性命。

五、飯盛山上的悲劇

有鑑於豬苗代地勢不利於防守，會津藩在母成峠之戰翌日決定放棄豬苗代，豬苗代城代高橋權大夫於廿二日下令全軍收拾完武器、彈藥、細軟便縱火燒毀豬苗代城及附近的土津神社，然後將兵力撤往連接現今耶麻郡豬苗代町與會津若松市間的十六橋。

阻止新政府軍進攻會津若松城最佳的方法是毀掉十六橋，由家老佐川官兵衛（母成峠之戰前夕由松平容保任命）擔任此職，佐川等到執行縱火豬苗代城及土津神社的高橋權大夫到來後才開始破壞十六橋。由於十六橋是石橋，而非木橋，要破壞該橋惟有埋好炸藥進行爆破。另一方面，新政府軍在薩摩出身的川村與十郎領軍下，快速推進至十六橋，雙方為了爭奪十六橋於當日夕七時半在橋上展開作戰。

已在二月宣布隱居的「老公」松平容保走出鶴城（鶴ヶ城，會津若松城的別稱）來到距離十六橋約一公里的瀧澤峠以激勵士氣，對於上位者親自到前線（或前線附近）坐鎮的確有激勵士氣之效，歷史也不乏前例。不過，對此時的會津藩兵而言，光是士氣大振並不足以打勝仗，因為會津藩的武器還停留在戰國時代的主力火繩槍等所謂的前膛式步槍，新政府軍的配備雖大多也是如米尼葉等前膛式步槍，卻也有不少史奈德步槍、史班瑟步槍等屬於後膛式步槍的新式槍枝。即便屬於較落後的前膛式步槍米尼葉槍，不管就其填裝速度、射程範圍、準確度、殺傷力無一不勝過火繩槍，因為容保親自坐鎮而士氣大振的會津藩兵很快便因為使用落後的武器而局勢逆轉。

十六橋失守後，新政府軍距離鶴城只有不到二里（約八公里），但更岌岌可危的是容保所在的瀧澤峠與新政府軍間的屏障只剩戶之口原、強清水二地，容保隨時有性命之虞。在已無可派之兵的情形下，為了讓容保安然撤回鶴城，以田中土佐為首的幾位家老決定抽調白虎隊前往戶之口原（福島縣會津若松市湊町）協同守軍迎戰追擊的新政府軍。

筆者在第八章第四節介紹過會津藩軍制改革，提到會津藩全部藩士按年紀依序編制成玄武、青龍、朱雀、白虎四隊，十六、七歲的男性被編在白虎隊（後來年齡下修到十三至十五歲），由於隊士皆未成年，因此白虎隊士不參與實際作戰，只擔任偵查工作。每一隊依藩士家格再細分為士中隊、寄合組隊以及足輕隊，十六橋失守後，眾家老決定由士中一番隊負責護送容保回城、士中二番隊由隊長日向內記率領前往戶之口原迎戰新政府軍，可見受到家老們委以重任的還是家格最高的隊士。

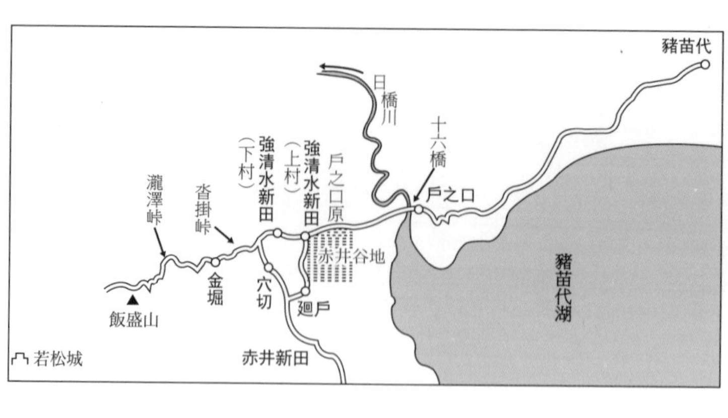

不過，在戶口之原迎戰新政府軍的白虎隊士中二番隊，其結果與筆者在第三節介紹在二本松城大壇口迎戰新政府軍的二本松少年隊如出一轍。士中二番隊全隊只有三十七人，即便與戶之口原的守軍會合後也只有四百人左右，與約有三千兵力的新政府軍交戰可說毫無勝算。

士中二番隊抵達戶之口原時已是晚上，為防範新政府軍前來夜襲，士中二番隊與其他守軍輪流守夜。然而，會津藩這邊可能不知道雙方差距大到新政府軍根本不需夜襲也足以取勝。

廿三日的戶之口原之戰包含白虎隊士中二番隊在內的會津藩兵在開戰不久便為新政府軍擊潰，新政府軍戰勝後整頓軍容，立即朝會津若松城出兵，會津若松城陷入長達一個月的街道戰。

受到致命性的打擊導致白虎隊士中二番隊戰死超過十名、近二十人受傷，被新政府軍拋下的他們，內心掛記著藩國的安危，互相扶持的走到鶴城東北方一公里多的飯盛山（海拔約三百十四公尺）。在飯盛山上共有二十名白虎隊士中二番隊士，當他們從飯盛山上往鶴城方向看過去，看到陷入火海中的鶴城，他們以為鶴城已被新政府軍攻下，一時間人人內心浮上無比的絕望感。

既然藩國已被攻破，活著已無意義，不如追隨大殿下及其他家老於地下。

白虎隊士中二番隊士的判斷並不正確，鶴城才剛要進入為期約一個月的籠城戰。不過對於進入籠城戰的會津藩士而言，對於戰爭的絕望程度，與從飯盛山上誤以為鶴城已被攻下的白虎隊士中二番隊士並無二致。

在飯盛山的二十名士中二番隊士決定一同自裁殉國，這二十人的名字如下：

安達藤三郎、池上新太郎、石山虎之助、井深茂太郎、津川喜代美、野村駒四郎、間瀨源七郎、瀨勝三郎、有賀織之助、伊東悌次郎、篠田儀三郎、西川勝太郎、永瀨雄次、石田和助、伊藤俊彥、飯沼貞吉、鈴木源吉、林八十治、瀨武治、津田捨藏。

隊伍中只有飯沼貞吉後來被一位經過的婦人救活，維新之後改名貞雄，並進入工部省技術教場學習電信，取得電信技師資格，日清戰爭前夕就職於東京郵便電信局，絕口不提飯盛山上的往事。日清戰爭時，四十歲的飯沼貞雄以大本營技術總督身分受到徵召，軍階為陸軍步兵大尉。由於身處朝鮮半島這一是非之地，即便飯沼並非一線作戰人員，也被要求佩帶手槍以保安全，飯沼表示拒絕並說道：

我是白虎隊已死的隊士。

進入明治時代的飯沼貞雄不僅絕口不提飯盛山上的往事，甚至連自傳、日記、回憶錄的邀約也都予以婉拒，只有在片段零星的採訪中約略提及，但是從這些約略提及的內容中仍無法清楚還原當日樣貌。為何會有十九名隊士在飯盛山上自裁，究竟是如通說因為看到陷入火海中的鶴城而顯得無比絕望，或是有其他原因？隨著飯沼在昭和六（一九三一）年去世而永遠塵封。

飯沼去世前留下希望能將遺骨一部分與在飯盛山上永眠的同志合葬，不過事實上他的墓與其他十九人的墓有段距離。從飯沼的遺言不難想像被救活後的他，此後人生過得並不快樂，該死卻未死去（等於沒有為藩盡忠義）的他成為武士社會（也包含之後的明治時代）的負面教材（森鷗外有部作品《阿部一族》探討藩主死後該殉死卻未死去的家臣，從此被全藩武士輕蔑的經過，與飯沼貞雄的際遇頗有相似之處），對於死者無窮盡的愧疚感也從此長伴他的人生，至死方休。

一般說法將二本松少年隊和白虎隊的悲劇歸咎於新政府軍的入侵，然而筆者不太認同這種說法，筆者認為驅使這些少年上戰場的人，其罪過不會比新政府軍來得輕，與二戰末期盛行一時的「學徒出陣」在思考模式上並無二致。

六、祐宮即位及改元明治

就在白虎隊士中二番隊集體在飯盛山上自裁後數日，慶應四年八月廿七日，人在京都的祐宮正式即位。可能會有讀者感到納悶：筆者不是已在前作第二部第十六章提到祐宮在慶應三年一月九日踐祚，而踐祚後的祐宮更是在第四章於御所紫宸殿前召集總裁、議定、參與以及公卿、討幕派諸侯還有其他群臣百官共五百四十四名，由總裁局副總裁三條實美代為朗讀五條御誓文嗎？

三條副總裁「向天地神祇宣誓、朗讀五條御誓文」正是是在祐宮踐祚期間，想必讀者看到此處一定會產生這樣的疑問：

那麼踐祚與即位有何不同呢？

由於中文也有踐祚（也寫成「阼」）一詞，因此該詞彙自中文借用過來殆無疑義。中文的「踐祚」與「即位」幾乎可視為同義詞，但是在日文裡兩者略有出入。踐祚（せんそ）指「天皇崩御或讓位的同時，皇太子繼承皇位。」不過，實際上皇太子繼承的不只是皇位，還有三大神器（剣璽等承継の儀）。皇太子繼承皇位及三大神器後擇日向國內外（江戶時代只有國內）公開宣告，此儀式為即位（そくい）之禮。

從以上簡單解釋可知「踐祚」在前，「即位」在後，踐祚理應接在天皇的崩御或讓位之後，孝明天皇在慶應二年十二月廿五日夜四時半崩御，祐宮照理應在廿六日踐祚，然而實際上有一定難度，因此拖到慶應三年一月九日才舉行。祐宮踐祚後接著應擇日進行即位之禮，不過，慶應三年起倒幕派逐漸占上風，幕府不得不同意大政奉還，隨之而來的慶應四年更是從年初起便陷入戰場遍及半個日本的戊辰戰爭，祐宮的即位之禮因為這些政治風暴一再延後。

八月廿七日朝五時，祐宮的即位之禮在千呼萬喚下於御所紫宸殿舉行。時任議政官上局議定兼輔相的岩倉具視決定廢除中世以來慣用的唐制禮服（冕服），讓祐宮改著類似神社神官所穿的束帶裝，並成為往後的慣例，令和元（二〇一九）年今上天皇即位時也是身著黃櫨染御袍的束帶裝。

即位之禮結束後，祐宮成為名實相符的天皇，既然已是名實相符的天皇，沿用一年多前代天皇的年號也到了必須更改的時候。九月七日，停用超過四年的年號「慶應」，接續在慶應之後的新年號想必讀者都已經知道是「明治」，甚至有不少讀者也知曉「明治」一詞出自《周易．說卦傳》，其原文如下：

聖人南面而聽天下，嚮明而治。

祐宮即位後，時任議定的松平春嶽吩咐儒者選定幾個候補年號以供祐宮決定。之所以選定「明治」作為年號是祐宮在御所內的賢所抽籤抽中的，「明治」並非首次出現在年號候補名單，光是在江戶末期即已出現三次，「弘化」改元「嘉永」、「萬延」改元「文久」，以及「文久」改元「元治」都曾出現過「明治」。

象徵日本近代開端的明治時代從改元「明治」這一刻展開，持續到一九一二年7月30日共計四十五年。不少人可能會把明治時代的長度等同於明治天皇在位的時間，實際上並不正確，因為遺漏掉祐宮踐祚的期間，兩者相加共四十六年才是明治天皇正確的在位期間。

九月八日為改元明治的第一天，這日以天皇名義頒布一道極具變革意味且影響深遠至今的詔令，此即《一世一元詔》，其全文如下（原文為漢文）：

體太乙而登位，膺景命以改元。洵聖代之典型，而萬世之標準也。朕雖否德，幸賴祖宗之靈，祇承鴻緒，躬親萬機之政。乃改元，欲與海內億兆，更始一新。其改慶應四年為明治元年，自今以後，革易舊制，一世一元，以為永式，主者施行。

以往一個在位夠久的天皇往往會有好幾個年號（如孝明天皇有弘化、嘉永、安政、萬延、文久、元治、慶應等年號），遇上天災異變或是祥瑞等吉兆更換年號自是不用說，逢辛酉、甲子年亦有更換年號的不成文習慣，在《一世一元詔》頒布後都不再成為更換年號的理由。也由於《一世一元詔》頒布後年號不再任意更改，年號的重要性大增，「慶應」以前稱為年號，「明治」以後則改稱元號。

七、國破山河在……

上一節介紹與本章無關但恰好發生在會津戰爭期間的史實，筆者在這一節再帶領讀者回到會津戰爭現場。

八月廿三日拂曉，新政府軍在戸之口原重創包含白虎隊士中二番隊在內的會津藩兵後，一路突破會津藩兵佈防的沓掛峠和瀧澤峠，快速朝鶴城推進。家老田中土佐協助松平容保從瀧澤峠返回鶴城後，與其他藩兵在甲賀町口與新政府軍作戰，最終甲賀町口失守，田中與另一名家老神保內藏助（神保修理生父）在奮戰中受傷。田中土佐認為會津藩之所以被新政府軍兵臨城下，種因於文久二年自己與西鄉賴母、橫山常德兩位家老以及江戶留守居役堀長守四人沒有力勸主公拒絕接受幕府推薦的京都守護職之故（請參前作第二部第七章），因此負起責任與神保互刺自裁。

還在會津藩境各地征戰的藩兵，其家眷——尤其是女眷——並沒有全部往鶴城裡撤退，她們很有可能在新政府軍行進過程中成為俘虜。為了避免成為累贅且不受新政府軍的侮辱，這些會津藩士女眷只有兩條路可作抉擇：手無縛雞之力的選擇結束性命以保名節；若是對

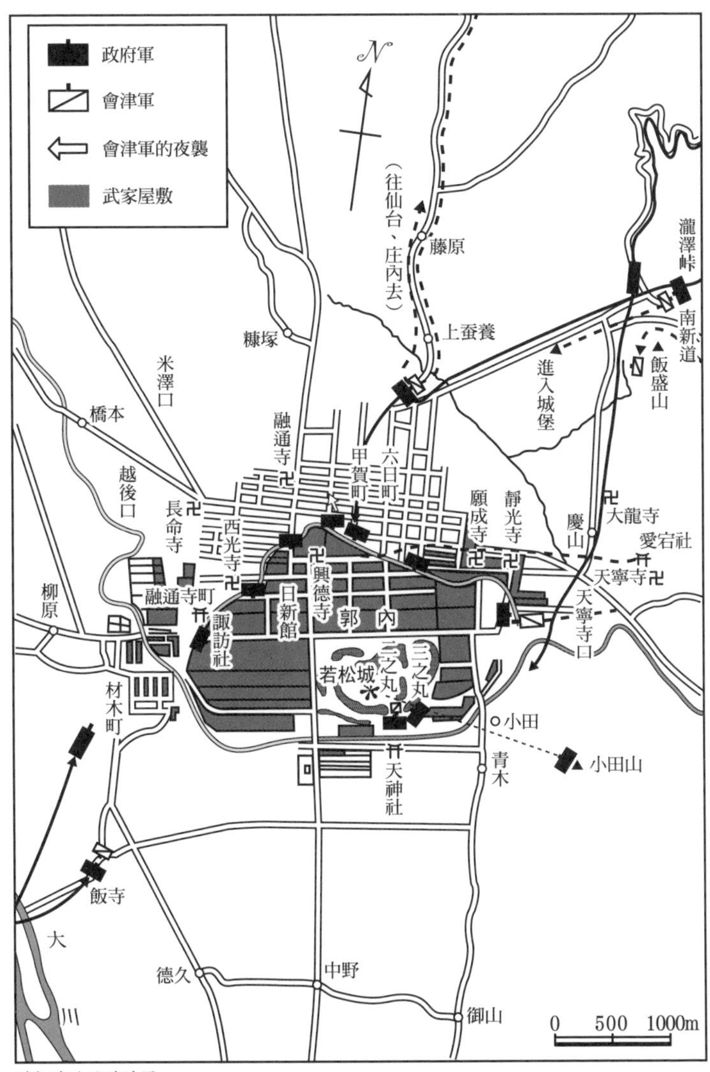
政府軍
會津軍
會津軍的夜襲
武家屋敷
N
（往仙台、庄內去）
藤原
上蚕養
瀧澤峠
南新道
飯盛山
進入城堡
糠塚
米澤口
橋本
越後口
融通寺
甲賀町
六日町
願成寺
靜光寺
大龍寺
慶山
愛宕社
天寧寺
天寧寺口
長命寺
西光寺
興德寺
日新館
郭內
融通寺町
諏訪社
柳原
若松城
二之丸
三之丸
材木町
小田
小田山
青木
天神社
飯寺
大
川
德久
中野
御山
0 500 1000m
若松城攻防戰地圖

武藝有信心的則拿起薙刀組成會津婦女隊。

前者如首席家老西鄉賴母的母親、妻子、妹妹及四位女兒連同其他親族共廿一人在其宅邸自裁，這廿一人連同其他二百餘名自裁的會津婦女一起埋在鶴城東南方的善龍寺（福島縣會津若松市北青木），每年5月1日皆在「なよ竹の」碑前舉行慰靈祭。

後者則如會津藩江戶詰勘定役中野平內的長女竹子，為了護衛松平容保的義姊照姬出城到郊區坂下（福島縣河沼郡會津坂下町）避難，號召藩士之妻女組成會津婦女隊，精於薙刀的竹子自任隊長，不少藩士妻女如依田麻季子、菊子姊妹、岡村須磨子、神保雪子（會津藩公用方神保修理未亡人）等紛紛加入。

廿四日，中野竹子求見家老萱野權兵衛，希望能讓婦女隊上場迎敵。萱野起初不同意，他認為讓女性上戰場會折辱會津藩的名聲，在中野竹子再三懇求下，萱野終於答應讓婦女隊迎敵。廿五日，中野竹子與婦女隊成員剪斷長髮、佩帶薙刀從坂下出發。來到柳橋（福島縣會津若松市神指町大字黑川，也稱為淚橋）時遇上新政府軍的長州和大垣二藩藩兵，雙方立即進入作戰狀態。

長州、大垣二藩藩兵一開始並未認出這是婦女隊，因此下令射擊，等到距離拉近後看清是一支由女性組成的隊伍，此時全隊開始躁動。

是會津的娘們！抓回去痛快一番！

原本應是嚴肅的存亡之爭，卻變調淪為力氣上——以及軍事上——強者對弱者的戲謔。會津婦女隊雖是力氣上的弱者，仍英勇對抗新政府軍。不久，中野竹子額頭中彈，為了不落入對頭長州之手，要求兩個妹妹 kou 子和優子幫她介錯。kou 子和優子提著竹子的首級埋在北方的法界寺（福島縣河沼郡會津坂下町字光明寺東甲），然後與山本八重會合一同退入鶴城。婦女隊另一成員神保雪子為大垣藩兵俘虜，監禁在長命寺（福島縣會津若松市日新町），雪子自知清白難保，一心求死。在長命寺雪子看到熟人，在她再三懇求下，熟人遞給她一把匕首結束性命。

新政府軍突破甲賀町口後，鶴城已在觸目可及的範圍內，板垣退助率領包含土佐藩上士組成的迅衝隊及新政府軍為先鋒一路往鶴城最北端的北出丸堀逼近，迎戰會津藩鐵砲隊，附帶一提，二〇一三年 NHK 大河劇主人公山本八重也在其中。該劇或許誇大八重的真實形象，不過，八重的確堪稱會津藩鐵砲達人。她手持史班瑟步槍動作俐落的裝填子彈並朝敵人開槍，也確實命中不少新政府軍——尤其是擊中薩摩藩的砲術天才、日後日俄戰爭滿州軍總司令官大山巖。在城外的會津藩兵雖然最終被逼入城內，但是會津藩兵也給新政府軍帶來不小的衝擊，大總督府軍監小笠原唯八及其弟——迅衝隊第三番隊長——謙吉（土佐藩出身）先後在北出丸堀中彈陣亡。

會津藩兵終於在北出丸堀擋下新政府軍凌厲的攻勢，為還在會津藩境各地作戰的藩兵爭取到退回城內的時間，之後數日每一批撤回鶴城的會津藩兵都會在北出丸堀與以逸待勞的與新政府軍交戰，付出若干犧牲後進入鶴城。

在北越以及其他各地的戰爭也差不多接近結束，戰勝的新政府軍陸續前往會津支援，聚集在會津的新政府軍共計有薩摩、長州、土佐、佐賀、大村、佐土原、人吉、中津、小倉、藝州、鳥取、岡山、今治、尾張、紀伊、水戶、彥根、大垣、越前、加賀、松代、松本、上田、飯山、高田、新發田、忍、館林、宇都宮、黑羽、大田原、米澤、三春、守山等三十餘藩兵力約七萬五千名左右，這樣的兵力即便攻方必須是守方三倍的不成文規定，用來強攻有難攻不落之稱的鶴城也綽綽有餘。

九月十四日，新政府軍聚集各藩的大砲，包括二十吋青銅砲、在上野令幕府軍喪膽的阿姆斯壯砲、四斤山砲以及其他各種攻城砲約五十門，分別布置在甲賀町口、大町口、中町橋口、三日町口、六日町口以及諏方通(位於鶴城正北方到西南方)朝鶴城砲擊，鶴城的結構、石垣及城瓦均受到毀滅性的重創。

光是十四日這天新政府軍一共朝鶴城砲擊超過二千五百發砲彈，假定新政府軍每日都砲擊這樣的數量，那麼到廿二日鶴城開城向新政府軍降伏為止至少也砲擊超過二萬發，超過新政府軍自鳥羽・伏見之戰以來在各地砲擊數量的總和，不難想像以薩長為主的新政府軍對會津藩已到把鶴城夷為平地也不足以洩恨的程度。

城外有七萬多新政府軍把鶴城包圍好幾層，城內則是滿目瘡痍，每天都受到來自城外瘋狂的砲擊，隆隆砲聲幾乎麻痺一切知覺。更令城內垂頭喪氣的是，城內的大砲、槍枝一應俱全，但是，所剩無幾的彈藥徒讓武器成為擺設品，糧食、水源即將告罄又是另一個亟需解決的問題。

會津的敗象已經很明顯了，為保全藩的存續勢必得向新政府降伏。儘管開口降伏是武士世界中最失面子的事，惟，此時此刻關乎藩的存亡絕續，若不能忍一時之辱，豈能期待他日的復興之時？自京都守護職時期擔任公用人的手代木直右衛門和公用方秋月悌次郎（名為胤永）前去求見松平容保，希望容保能正視降伏的問題。

容保早有降伏之意，但不願意直接向薩長降伏，希望能透過一個可以信任的第三藩代為轉達降伏的決定。包圍鶴城共有三十幾個藩，半數以上是西國諸藩，會津君臣對這些西國諸藩完全不信任，對於曾是奧羽越列藩同盟成員但未戰便降伏新政府的三春、守山、新發田等藩亦不信任。

> 未戰而降，豈有信用可言？

於是選定和新政府軍作戰到上月廿八日迫不得已才降伏並轉為征討會津的米澤藩（仙台藩也於九月十五日降伏，但此時會津藩還不知道這件事），請米澤藩代為傳達。

九月廿日，米澤藩傳回會津降伏的條件：

> (1)廿二日朝五時在大手門外升起降伏的白旗。

(2)松平容保、松平喜德父子親自前來政府軍的軍門降伏。
(3)家臣中男性一律移往猪苗代謹慎。
(4)十四歲以下和六十歲以上的男性及女性不限住居。
(5)城內的傷病者移往青木村。
(6)收齊武器、彈藥，在開城日當日移交政府軍。

松平容保不僅沒有拒絕的權利，甚至也沒有選擇的權利，不過細看新政府軍提的條件，除了前兩條有較令會津藩難堪之處外，後四條其實與一般投降條件並無兩樣。

明治元年九月廿二日朝五時，家老內藤介右衛門（名信順）、梶原平馬兄弟為首舉著白旗緩緩從鶴城大手門走出，後面跟著軍事奉行添役秋月悌次郎、大目付清水作右衛門、目付野矢良助以及松平容保、松平喜德父子，拖著沉重的步伐朝降伏場地甲賀町通走來，朝站在錦之御旗前方的軍監中村半次郎、軍曹山縣小太郎（出身豐後岡藩，名通政）降伏，並從他們手中接過降伏文書，降伏文書斥責松平父子「膽敢對抗王師，實為天地不容之大罪。」

讀者對於受降者之一山縣小太郎可能感到無比陌生，出身在幕末期間沒有顯赫功績且又來自只有區區七萬石小藩的他，不管在政壇或軍界都難有亨通的仕途。小太郎在明治時代進入兵部省以及從兵部省分出的海軍省，非薩摩出身的他在海軍省受到嚴重排擠，小太郎後來索性離開海軍，留在東京成立私人學塾攻玉社。

幾年後，一對來自故鄉的兄弟在東京求學，不，應該說這對兄弟的父親是小太郎同藩故交，知道他在東京從事教育才讓兩個兒子上京求學，希望能受到更完善的教育。這對名為廣瀨勝比古、廣瀨武夫的兄弟受到小太郎的影響對海軍產生興趣，先後在明治十二年和十八年考進位在築地（東京都中央區）的海軍兵學校（明治廿一年起遷往廣島縣江田島），弟弟廣瀨武夫在之後日俄戰爭的旅順一役壯烈成仁，成為近代日本最初的軍神。

接過降伏文書後，會津藩正式向新政府降伏，容保父子暫時返回鶴城，旋即走出本丸，在薩摩、土佐二藩藩兵的護衛（監視？）下，由山縣小太郎帶頭來到約一個月前容保前來激勵士氣的瀧澤峠附近的妙國寺（福島縣會津若松市一箕町）謹慎。

容保父子謹慎後的翌日，所有會津藩士在米澤、彥根、大村三藩藩兵的監視下前往猪苗代，一路上會津藩士遭到三藩藩兵斥責、怒罵，若有反抗還會遭來鞭笞，名義上雖說是謹慎，實際上等同監禁。廿四日，中村半次郎偕同山縣小太郎前來接收鶴城以及城內的兵器和為數不多的彈藥，年輕的家老山川大藏（母成峠之戰後才被任命為家老）一共交出大砲五十一門、火繩銃二千餘枝及槍彈一萬多發（大多數無法使用），會津戰爭到此全部結束。

半個月後，來到會津藩的英國駐日公使館外交官兼醫師威廉·威利斯，幾乎不敢相信他眼前所見的情景，他在日記裡有如下的記載：

城鎮的五分之四，在官軍占領期間幾乎完全燒毀。若松城只剩天守閣還矗立著，外壕內側所有侍屋敷全部燒毀，未倒的建物只看得到木頭和牆壁，到處都是圓形砲彈和步槍槍彈打成蜂窩狀的圓孔。……

這一奧羽地方屈指可數的大城已成為廢墟。

幾乎被毀壞殆盡的鶴城在明治時代不僅不被允許重建，甚至連僅存的天守也遭到解體。明治三十一（一八九八）年，出身仙台的詩人土井林吉（號晚翠）據說看到荒廢的鶴城，勾起他內心無限的哀思，寫下一首名為《荒城之月》的絕妙好詩：

春高楼の花の宴　巡る盃影さして
千代の松が枝　分け出でし　昔の光今いづこ
（春高樓兮花之宴，交杯換盞歡笑聲。千代松兮枝頭月，昔日影像何處尋。）

秋陣営の霜の色　鳴きゆく雁の数みせて
植うる剣に照りそひし　昔の光今いづこ
（秋陣營兮霜之色，晴空萬里雁字影。鎧甲刀山劍樹閃，昔日光景何處尋。）

今荒城の夜半の月　変わらぬ光誰がためぞ
垣に残るはただ葛　松に歌ふはただ嵐
（今夕荒城夜半月，月光依稀似往昔。無奈葛藤滿城垣，孤寂清風鳴松枝。）

天上影は変わらねど　栄枯は移る世の姿
写さんとてか今もなお　ああ荒城の月夜半の月

（天地乾坤四時同，榮枯盛衰世之常。人生朝露明月映，嗚呼荒城夜半月。）

（譯文引用茂呂美耶《物語日本》〔遠流出版，二〇一七〕）

這首詩透過晚翠就讀東京音樂學校之妻傳到一位名為瀧廉太郎的年輕作曲家手中，瀧廉太郎深受詩句中的文詞與意境感動，勾起了他心目中的荒城——大分縣岡城。感動之餘為《荒城之月》譜上曲調，於是在一座荒城，各自表述的情形下，名曲《荒城之月》成為戰前最具鄉愁的日文歌。

與會津戰爭結束的同時，庄內和盛岡二藩也向新政府降伏，代表戊辰戰爭第二階段「天皇政府與奧羽越列藩同盟的戰爭」的結束。十一月二日，東征大總督有栖川宮熾仁親王凱旋歸來，由於當時正值天皇巡幸東京（十月十三日到十二月八日），因此有栖川宮直接前往東京謁見天皇，歸還天皇於二月授予的錦之御旗和節刀，意味東征任務的完成。四日，會津征討越後口總督仁和寺宮嘉彰親王也凱旋前往東京歸還錦之御旗和節刀。

十二月七日，新政府宣布陸奧國分成以下五國：

陸奥（現青森縣）
陸中（現岩手縣）
陸前（現宮城縣）
磐城（現福島縣「中通」地區和「浜通」地區）
岩代（現福島縣「會津」地區）

出羽則分成以下兩國：

羽前（現山形縣）
羽後（現秋田縣）

雖然東征大總督和會津征討越後口總督相繼凱旋以示完成朝廷託付的任務，但是實際上仍有對新政府不服從的亡命之徒搭上榎本武揚的船艦朝蝦夷地而去，榎本一日不除，日本的內戰便說不上結束，由薩長等西南雄藩建立的新政府便一日不得安寧。榎本的艦隊在蝦夷地會遇上怎樣的情形？該如何克服面臨到的問題？而新政府又如何看待榎本艦隊在蝦夷地的發展？這些是筆者在第十一章要談的內容。

豆知識

「北斗以南皆帝州」的斗南藩

從筆者在第七節的敘述看來，可能不少讀者看不出何以會津人至今仍對薩長懷有恨意，認為戊辰戰爭是薩長假借天皇的名義對會津進行報復的戰爭。因為真正讓會津人對薩長懷有無比恨意倒不是在戰爭期間，而是戰後的處置。

首先是在會津戰爭期間戰死的會津藩士一律不得安葬，任其曝屍荒野，包含在飯盛山上切腹的白虎隊士中二番隊士以及中野竹子組成的婦人隊。進入明治時代，政府在戊辰戰爭期間激戰的各地立碑，碑上題有陣亡將士的名字，然而凡是屬於幕府軍或同盟軍等與政府軍敵對的一方，碑上就不會有他們的名字。同樣的道理也適用在明治二年在東京九段坂下成立的招魂社——即今日的靖國神社，靖國神社一共祭祀二百四十六萬多柱自幕末以來為守護日本而犧牲的志士、將士之英靈，其中幕末至戊辰戰爭期間陣亡的共有七千七百五十一柱，無一例外全屬新政府軍陣營，幕府諸隊（包括新選組和京都見廻組）以及其他協助幕府諸藩和同盟軍全被排除在外，看在幕府軍及同盟軍的家屬眼裡難免有所怨懟。

只有你們新政府軍死去的才是為國犧牲，我們死去的就不叫為國犧牲。

這是會津及其他同盟軍後裔對戊辰戰爭及明治政府不滿的原因之一。

會津藩出身的陸軍大將柴五郎（其兄即是有名的政治小說作家東海散士，本人也曾擔任過台灣軍司令官）臨死前，將遺書手札委託給與他有過數面之緣的東京日日新聞社（每日新聞社的前身）記者石光真人，由石光為其出版《ある明治人の記録——会津人柴五郎の遺書》（中央公論出版），該書揭露出如下的事實：

後世的史家中，會流傳會津藩乃是擁護封建制度的元兇，讚頌唯獨薩長才是救世之軍，訴說著會津戰爭時，會津的百姓、村民夾道歡迎薩長軍的到來並且予以協助，但這些都是錯認史實這種這種極其嚴重的事情。加之於百姓、鎮民身上的暴虐之舉，遍及全東北都留下眾多的紀錄，而這種想將之刻意抹煞掉的行為，令人難掩心中憤怒。（譯文引用田中彰《明治維新》〔玉山社，二〇一二〕）

這是會津及其他同盟軍後裔對戊辰戰爭及明治政府不滿的原因之二。不過，「加之於百姓、鎮民身上的暴虐之舉」並非只有新政府軍，筆者在第七節提到的英國駐日公使館外交官兼醫師威廉·威利斯在新發田觀察會津藩兵撤退後的狀況，寄信給英國駐日公使巴夏禮的內容提到：

在往自己的國家（指會津）撤退時，成為毫無規範的無賴集團，在逃亡的路上盜取財物，還殺人強取錢財。

類似的內容還有：

會津士兵在往越後撤退途中，強姦婦女，至民家中偷盜，遇到反抗的人就格殺勿論。另一方面，也聽過會津國內，帝（天皇）的軍隊在各地掠奪，甚至連百姓的生活用品都搶走的傳聞。

乍看之下，會津藩的紀律似乎與新政府軍沒什麼兩樣，但是自詡為天皇的軍隊在打勝仗之際卻又做出屠殺、掠奪、姦淫的行為，或許更難令人容忍吧！

相同的情況還有筆者在第一章豆知識介紹日本最初的軍歌《宮さん宮さん》，其第四節歌詞為「国を追うのも人を殺すも誰も本気じゃないけれど薩長土肥の薩長土肥の先手に手向いする故に」譯成中文大致為「奪其藩國殺其人民並非出於真心」、「是因為他們先反抗薩長土肥之故」），歌詞內容與真實情況出入甚大，難怪連以撰寫昭和史聞名的作家半藤一利先生會說「每當我看到第四段就會大失所望，甚至覺得可恥。」曾與新政府軍作戰或是領地曾受其蹂躪的奧羽諸藩藩士後裔，對於明明是被迫拿起武器自衛作戰，不幸吃下敗仗後還要被栽贓為是先對抗官軍才招致國破家亡難免氣憤填膺。

鶴城落城的消息一傳出，當時伴隨天皇巡幸東京途中的大久保利通和木戶貫治無不額手稱慶，木戶想起在池田屋事件和禁門之變死去的同志，更是落下淚來。可是當他們兩人及其他太政官成員聽到會津降伏的條件時，一致認為對會津藩的處分過於寬鬆。

讓松平容保在會津境內謹慎？開什麼玩笑，難道忘了當初他是如何把長州逼上絕境的嗎？

十月十七日，在妙國寺謹慎的容保父子被押解到東京，容保被送往鳥取池田家屋敷、喜德則被送往久留米有馬家屋敷幽禁，另外會津藩家老內藤介右衛門、梶原平馬、萱野權兵衛以及重臣手代木直右衛門等人也都押解到東京囚禁。十二月七日，對奧羽越列藩同盟成員的懲處出爐（懲處名單請參照〈戊辰戰爭結束後的處置〉），將原本應判的死罪減刑，改判松平容保、松平喜德父子永久禁錮，所領二十三萬石全部沒收。

明治二年六月三日，容保長男出生（之後的容大），以此為契機，家老山川大藏向政府懇求恢復松平家家名，重新立藩。十一月，政府允其所請，將從陸奧國南部領沒收的北郡、二戶郡、三戶郡共七十村三萬石石高的領地作為會津松平家的新領地。

家老山川大藏決定接受政府沒收南部領轉贈的領地，為了與會津藩有所區別，山川從漢詩句「北斗以南皆帝州」得到靈感，以斗南作為新藩的藩名。然而，翻遍中國詩句以及日本漢詩似乎都找不到「北斗以南皆帝州」的詩句，顯然此一說法未必正確。另一種說法為斗南指南斗六星，南斗六星在星象上屬於人馬座，又稱射手座。在希臘神話裡射手座守護天神而將其弓箭對準代表邪惡的天蠍座。不難想像山川取斗南作為新藩名實有自喻為射手，守護象徵天神的明治天皇以對抗邪惡天蠍化身的薩長。

不管斗南藩的由來是根據哪種說法，山川大藏到斗南藩實地探勘一看，內心涼了一大截。北、二戶、三戶等三郡相當於今日青森市以東的青森縣部分，面積幾乎占了之後青森縣的一半，卻多為荒蕪不毛之地。雖說三萬石，然而根據調查後發現實收只有七千石，要讓四、五千遷徙至此地的會津藩士安身立命實在太過勉強。前文提及的柴五郎，在其遺書手札無比感慨地提到少年時代的往事：

田名部川水流稍緩的地方，來了一個獵人。一隻狗正在元通寺後邊河冰上嬉戲，獵人舉槍射死了這隻狗。但是，河冰很薄，無法走過去，獵人無奈，只好捨狗而去。這隻狗是田名部橋頭鐵匠家養的。父親想了一會之後，讓我跑到鐵匠家去，請求把狗的屍體給我們。我在雪地裡跑到鐵匠家說了這件事，他們答應了。回到家裡，就有一個中年藩士跑來。這藩士住在斗南坡開荒小屋，剛去過鐵匠舖要這條死狗。答覆是已經給了柴家，請和柴家商量。這藩士提出，由他走上河冰把死狗取來，分給他一半。（譯文引用信夫清三郎《日本近代政治史》第二卷〔桂冠圖書，一九九四〕）

如此艱困的生活，加上會津藩始終認為戊辰戰爭是薩長假借天皇名義發動的不義之戰，加深了會津對薩長的恨意，即便戊辰戰爭結束至今已經一百五十年，雙方的仇恨（特別是奧羽越各地諸藩對薩長的仇恨）仍難以排解。相信許多讀者都聽過以下這件事：

昭和六十一年，萩市向會津若松市提出友好都市提攜的申請，會津若松市毫不考慮的拒絕。萩市向會津若松市說道：

那場戰爭已經結束一百二十年，我們之間的仇恨也該放下。

會津若松市如此回答：

原來才過了一百二十年而已。

在舊南部領艱苦的日子到明治四年因廢藩置縣而結束，對會津藩士而言終於能重回舊領，此後會津藩士時時以莫忘戊辰之恨而惕勵，希望有朝一日可以向薩長報仇。明治九年十月廿八日，前參議前原一誠在萩掀起士族叛亂（萩之亂），會津主動向政府投誠，願意組成軍隊前往平亂，結果政府還未點頭萩之亂便已平定。

可惡啊！失去向長賊雪恨的機會。

第二年2月15日，西鄉隆盛被薩摩不平士族擁戴為領袖，一萬多薩摩士族進軍東京，要向大久保利通興師問罪。這一次會津士族又主動向政府投誠，願意組成軍隊前往平亂。會津此次的懇求為政府接納，山川浩、佐川官兵衛率領會津藩兵編制在政府軍下成為「官軍」，前去征討「賊軍」。

洗雪戊辰之恨在此一戰，大家衝啊！

當時徵兵制在日本已實施第四年，依徵兵制徵募的軍隊依舊被看不起，舊士族看不起這支軍隊乃在情理當中（因為作戰向來是武士階級的特權），但連町人、一般百姓也看不起與他們同樣階級出身徵召的軍隊能發揮多大戰力。倒是會津士族士氣高昂，巴不得馬上前往九州開戰，雖然佐川官兵衛中途在田原坂戰死，而山川浩率領的會津士族與政府軍並肩作戰迎接最後勝利到來。

第十一章 蝦夷政權

一、榎本武揚艦隊北上

筆者在第六、第八兩章提到上野戰爭結束後輪王寺宮先是在江戶市區躲藏數日，五月廿五日為榎本武揚的艦隊送往常陸國平瀉，此後直到八月十九日，榎本及其艦隊都留置在品川沖。

從上述這段簡述可知，江戶在上野戰爭結束後已由新政府軍進駐，即便明知該艦隊停泊在江戶外港品川沖，卻奈何榎本艦隊不得，也無力下令前來降伏。據說德川家還只是三河一國的小大名時，榎本已是其家臣，不過直到榎本武揚的父親武規為止，榎本家似乎沒有出過值得一提的人物和事蹟。武揚通稱釜次郎，出身幕府**徒目付**（江戶幕府及諸藩設置的役職名，管轄諸目付，其職責為江戶城內的警備、監視大名登城舉動以及偵查幕府各役職的工作內容）的次男，和多數幕臣一樣，最初從儒學入門，成績優異進入昌平坂學問所繼續深造。不過在昌平坂學問所期間，釜次郎開始排斥儒學，以最後一名的成績結業。

之後武揚作為箱館奉行堀利熙的隨從前往蝦夷地、樺太（庫頁島）等地巡視，讓他對海軍產生興趣，安政四（一八五七）年進入長崎海軍傳習所就讀，是該校第二期生，同為幕臣的勝海舟是第一期生，算是榎本在海軍界的前輩。這些經歷使榎本的見識與多數幕臣不同，很早便把關懷的焦點聚焦在江戶千里之外的蝦夷地。

文久三年四月十八日，攘夷和開國的勢力還在京都爭執不休時，榎本武揚、津田真道、西周（後兩人在明治時代加入明六社成為與福澤諭吉齊名的啟蒙學者）等人以幕府留學生身分抵達荷蘭的鹿特丹（Rotterdam），在海牙（Hague）學習物理、化學、砲術、國際法等學科，還學會操作在當時日本只有長崎、橫濱等外國人居住區域才能見到的電報機以及發電報的摩斯密碼。一八六四年歐陸北端爆發普魯士及奧國向丹麥宣戰的普丹戰爭，榎本以觀戰武官身分前往戰場，得以近距離親自體驗到近代戰爭，榎本直到晚年仍難以忘懷普丹戰爭帶來的震撼和衝擊，說道：

在槍林彈雨中出入，親眼目睹文明國之間的實戰，著實獲益良多。

普丹戰爭最重要的戰役為普奧聯軍攻下被丹麥併吞的什勒斯維希（Schleswig），這場戰役相當於池田屋事件到禁門之變之間。

1866年10月25日，留學期滿的榎本等人返回國內，他們回國搭乘的是文久二年幕府向荷蘭訂製的船艦開陽丸。這艘船後來參與阿波沖海戰，榎本之所以不向新政府降伏、率眾逃出江戶連夜北上便是因為有這艘排水量超過二千五百噸的巨船作為後盾之故。

榎本對於包含鳥羽・伏見之戰和上野戰爭在內的戊辰戰爭興趣缺缺，固然與這兩地純屬陸戰的戰爭海軍幫不上忙有關，更為關鍵的是，榎本早看出積弊已深的幕府會輸掉戊辰戰爭，與其做困獸之鬥不如趁早帶領幕臣前往蝦夷地開闢新天地。

上野戰爭結束時，不少幕府軍及彰義隊成員甚至連輪王寺宮本人都搭乘榎本的船艦往北逃去，他們的想法是另闢戰場對抗新政府軍，與榎本抱持開闢近乎無人之地的蝦夷地想法截然不同，因此榎本只是盡艦隊司令的義務搭載他們到目的地後隨即返回品川沖。隨著德川宗家轉封駿府的消息確定，榎本以護送龜之助名義藉機離開江戶的傳言甚囂塵上，由於榎本艦隊不受太政官號令，太政官只能下令已經降伏新政府的勝海舟寫信要榎本自重。勝海舟曾就學於長崎海軍傳習所，在幕末曾任軍艦奉行並、軍艦奉行及海軍奉行並，在海軍界算得上是榎本的長官，由他寫信規勸榎本應該是最恰當的人選。

勝和榎本在六、七月間已有多次通信紀錄，在往來書信中榎本並沒有過於激烈的情緒起伏，因此勝始終認為榎本並不會如謠傳般做出傷害新政府的舉動，甚至過一段時間後榎本會聽從他的建言向新政府降伏。直到八月七日勝在日記裡都還記載「（榎本）沒有謠傳的出走之意。」孰料，這只是榎本等待船艦及出走人員到齊前所採取的緩兵之計。八月十九日曉七時，包含板倉勝靜．小笠原長行兩位前老中、前若年寄永井尚志以及前陸軍奉行並松平太郎在內共約兩千五百名聚集在品川沖，跟隨榎本武揚離開江戶。

榎本艦隊由以下八艘船艦組成：

開陽丸（荷蘭製木造蒸汽船，排水量二五九〇噸，砲廿六門，艦長澤太郎左衛門）

回天丸（普魯士製木造蒸汽船，排水量一六七八噸，砲十一門，艦長甲賀源吾）
蟠龍丸（英國製木造蒸汽船，排水量三七〇噸，砲四門，艦長松岡盤吉）
千代田形（日本製蒸氣砲艦，排水量一四〇噸，砲三門，艦長森本弘策）
以上四艘為軍艦
長鯨丸（英國製鐵造蒸汽船，排水量九九六噸）
美賀保丸（普魯士製木造帆船，排水量八〇〇噸）
咸臨丸（荷蘭製木造蒸汽船，排水量六二〇噸）
神速丸（美國製木造運輸船，排水量二五〇噸）
以上四艘為運輸船

若與阿波沖海戰前夕（參照第一章）以及江戶無血開城後（參照第五章）幕府的艦隊相對照，可知此時海軍實力雖在總噸數上有所增加（因為船艦數量增加之故），但在武力上略有減弱，這是因為排水量一〇〇〇噸且有十二門砲的富士山丸已移交新政府之故。儘管如此，八艘船艦搭載二千五百餘人已是綽綽有餘。

值得一提的是，這二千五百餘人包含數名法國軍士官。原來這些法國軍士官是慶喜在慶應三年推動慶應改革時，法皇拿破崙三世派出十八名軍士官組成軍事顧問團來到日本協助幕府訓練近代陸軍（詳情請參前作第二部第十八章）。鳥羽．伏見之戰新政府軍以寡擊眾擊敗兵力近乎三倍的幕府軍，英、法、美、荷、普、義大利六國公使紛紛宣布在日本內戰期間堅守中立，於是軍事顧問團也被下令離開江戶，退到橫濱法國使節館等待內戰的結束。江戶無血開城後，軍事顧問團遭到關係不佳的新政府下令離開日本的命令，軍事顧問團中地位僅次於團長蘇必斯．瞿勒．夏暖（Charles Sulpice Jules Chanoine）陸軍大尉的副團長瞿勒．布宇內（Jules Brunet）陸軍大尉連同昂特．卡茲諾（Andre Cazeneuve）、亞瑟．佛宕（Arthur Fortant）、尚．馬藍（Jean Marlin）、方司瓦．布費耶（Francois Bouffier）四位士官宣布脫離軍事顧問團，以個人身分跟隨榎本北上。

榎本在惡劣天候下率領艦隊駛出江戶灣，穿過浦賀水道沿房總半島西岸南下，繞過半島最南端野島崎再沿房總半島東岸北上進入九十九里濱。導致品川沖惡劣天候的暴雨正在肆虐這一帶，榎本艦隊不顧天候惡劣強行通過。廿一日，美賀保丸桅杆斷裂與其他船艦失去聯繫，廿六日漂流到犬吠崎（千葉縣銚子市犬吠崎）觸礁沉沒，獲救二百五十人（十三人葬身海底）多數為新政府軍捕獲，僅一小部分成功突圍前往奧羽與榎本艦隊會合。

榎本艦隊另一艘船艦咸臨丸在萬延元（一八六〇）年曾締造首度由日本人駕駛橫渡太平洋的壯舉，不過，到了慶應四年，咸臨丸已有十二年以上船齡，性能大不如前，加上天候惡劣，因此由蟠龍丸將其拖曳在後。肆虐九十九里濱的暴風吹斷拖曳咸臨丸的纜繩，使得咸臨丸在風雨中迷失方向，廿三日迷航至下田港。拖曳咸臨丸的蟠龍丸，為了追上迷航的咸臨丸也在九十九里濱附近脫隊，之後蟠龍丸護送咸臨丸至清水港，開陽丸等其他五艘船艦也各自四散。長鯨丸最早於廿四日出現在仙台沖，開陽丸稍後於廿六日抵達石卷港，千代田形與神速丸則於九月五日、回天丸和蟠龍丸亦於九月十八日抵達仙台。然而，回天丸和蟠龍丸抵達仙台時仙台藩已在數日前向新政府軍降伏，因此甫於仙台聚齊的榎本艦隊只得繼續在海上航行。

前章提到土方歲三原本前來庄內藩討救兵，抵達該地發現庄內戰爭正在進行當中，土方判斷庄內藩沒有派出援兵的能力，於是轉而來到仙台藩，結果如前章所提在那裡首度與榎本碰面。由於仙台藩已經降伏，面對隨時會派兵進駐的新政府軍，榎本將艦隊及投靠他的兵力聚集在松島灣東北岸東名濱到東岸寒風澤島（松島灣內浦戶諸島最大島）沿岸，同時整修破損的船體並補充淡水及薪炭。

榎本在松島灣整修船體期間，曾寫了一封信給時任奧羽追討平瀉口總督四條隆謌：

……（幕府）二百餘年養育之家臣凡三十餘萬，七十萬石之俸祿不足養其三分之一。……蝦夷地永歸德川家支配。……該地乃日本北方之門戶，昔年俄人覬覦，眾所周知。一旦俄人侵犯該地，即為全國之大患。此番吾輩戮力同心，忍風雪，耐凍寒，開拓成地後，固守此北門之鑰，決不容他人窺伺。……嗣後若有外患內賊，必能為皇國鎮壓，……

當時榎本已決定以武力攻占蝦夷地，但仍希望取得新政府的同意，只是事已迫在眉睫，不待四條總督回信，榎本便率領艦隊踏上征途。

十月十二日，榎本率領艦隊先行前往宮古灣補充燃料，榎本艦隊在仙台藩駐足期間加入前桑名藩主松平定敬（北越戰爭結束後來到仙台藩）、土方歲三、大鳥圭介、澀澤成一郎、人見勝太郎等人，人數膨脹至三千二百餘人。另外，在船艦方面也有斬獲，仙台藩在四境戰爭後向幕府租借大江丸、鳳凰丸兩艘運輸船在此時則由榎本接收。鳳凰丸可說是最早由日本人獨力建造的船艦之一，但它只是一艘運輸船，不能裝備大砲等武裝，排水量推測約在五百到六百噸之間。大江丸則是幕府於元治元年九月四國艦隊砲擊下關結束後向美國購買的船艦，大江丸在四國艦隊砲擊下關是一艘軍艦，賣給幕府時拆掉船上的大砲使其成為運輸船，排水量約在一六〇噸左右。

十八日，人員、船艦修復以及燃料、淡水、薪炭都已整備完畢的榎本艦隊（開陽丸、回天丸、蟠龍丸、長鯨丸、神速丸、大江丸、鳳凰丸）共七艘船艦從宮古灣拔錨啟航，榎本艦隊中的千代田形在仙台藩降伏前應庄內藩之請與第二長崎丸（運輸船）前去支援而缺席。只是千代田形抵達庄內藩時，庄內戰爭已經結束，千代田形立即趕往箱館與榎本艦隊會合，第二長崎丸則於十九日在酒田港西北方的飛島（山形縣酒田市）觸礁沉沒。

榎本艦隊於十九日通過下北半島最東端尻屋崎（青森縣下北郡東通村）後轉進下北半島與蝦夷地之間的津輕海峽。在長崎海軍傳習所時期有過跟隨箱館奉行堀利熙前往蝦夷地巡視經驗的榎本，照理只要筆直朝西航行，通過汐首岬（北海道函館市最南端）和大間崎（青森縣下北郡大間町）的海域後再轉向西北方即可抵達箱館。不過在暴雨中航行的榎本艦隊迷失方向，原本井然有序的隊型也就此亂掉。當日宵五時回天丸最早出現在箱館北方約四十公里的內浦灣南岸鷲之木濱（北海道茅部郡森町），開陽丸和鳳凰丸於廿日天明後抵達，大江丸稍後也抵達鷲之木濱。蟠龍、千代田形、長鯨、神速四船由於偏離航線而航行到室蘭去，廿三日才在鷲之木濱與其他四船會合。

二、攻克五稜郭

十月廿一日，開陽、回天、鳳凰、大江四艘船艦上的官兵在大鳥圭介、土方歲三二人的率領下上岸，目標直指箱館。

面積略大於樺太島的蝦夷地在江戶時代只有松前藩一藩，不過並非蝦夷地全島都是松前藩的藩領，而是只有今日北海道檜山振興局厚澤部町到渡島總合振興局松前町及福島町一帶。蝦夷地的其他部分宛如處女地般有待進一步的探索與開發，榎本致四條奧羽追討平瀉口總督信中的「開拓成地」、「固守此北門之鑰」所指的即是廣大未開發的部分。

《日美和親條約》批准後，幕府在條約開放的港口箱館恢復享和（一八〇一～〇四）年間設置的箱館奉行（屬於遠國奉行），在安政元年六月以後與松前藩分攤對蝦夷地的管轄。最初，箱館奉行所位於箱館山下的宇須岸館（北海道函館市元町公園內），元治元年六月起，奉行所遷至新落成的五稜郭（北海道函館市五稜郭町）。慶應四年四月，新政府挾鳥羽・伏見之戰及甲斐勝沼之戰等役連勝之勢，廢除幕府設置的箱館奉行，改設箱館裁判所。最初任命議定仁和寺宮嘉彰親王為裁判所總督，但親王以箱館距離京都過於遙遠為由拒絕赴任，於是改任命最早向朝廷進言鎮撫蝦夷地的副總督清水谷公考，並把箱館裁判所改名箱館府。閏四月十四日，羽林家出身的公卿清水谷公考從敦賀港（福井縣敦賀市）搭乘長州藩蒸汽船華陽丸沿日本海北上經江差（北海道檜山郡江差町）於廿四日抵達箱館，成為首任箱館府知事。清水谷府知事任命薩摩藩士井上石見（名字為長秋）為判事，井上後來在視察擇捉島時遇難，於是再改命伊勢國出身的鄉士松浦武四郎為新判事（明治二年起改為開拓判官）。

NHK於二〇一九年7月15日播出一部紀錄片性質的戲劇《永遠的主人～為北海道命名的男人　松浦武四郎～》（《永遠のニシパ～北海道と名付けた男 松浦武四郎～》），內容為紀念松浦武四郎在箱館府判事、開拓判官任期內對蝦夷地探勘的功績，並將蝦夷地改名北海道以及融合當地原住民的語言作為現今北海道地名命名的依據。

附帶一提，箱館府在戊辰戰爭結束後先是改名為開拓使，由已被任命為蝦夷開拓督務的前佐賀藩主鍋島閑叟為首任開拓使長官，原箱館府知事清水谷公考則為開拓使次官。

慶應四年以前，在幕府的命令下，奧羽諸藩均有到蝦夷地輪值警備的義務。慶應四年戊辰戰爭爆發，各藩逐漸調回在蝦夷地警備的兵力，勢窮力微的箱館奉行杉浦兵庫頭（名字為誠）在閏四月廿七日把奉行所調查紀錄交接給清水谷府知事。到了九月，抵抗到最後的奧羽越列藩同盟成員會津、庄內二藩也降伏後，蝦夷地除松前藩外已無其他奧羽諸藩兵力。新政府趕緊在九、十月間指派已經降伏的備後福山、越前大野、弘前等藩運送超過一千名藩兵與松前藩兵一同駐守蝦夷地，這些新政府軍成為大鳥圭介和土方歲三率領的幕府軍上岸後面臨的敵人。

大鳥和土方上岸後兵分兩路而行，大鳥率領幕府的傳習隊、游擊隊、砲兵隊等數百名幕府諸隊經大沼、峠下、七重（以上均位於北海道龜田郡七飯町）南下；土方則率領新選組、彰義隊等殘餘部隊以及額兵隊（仙台藩脫藩藩士組成的隊伍，隊長為星恂太郎）、衝鋒隊（幕府軍傷亡慘重的諸隊合併而成，隊長為古屋佐久左衛門，副隊長為龍馬暗殺的兇手之一今

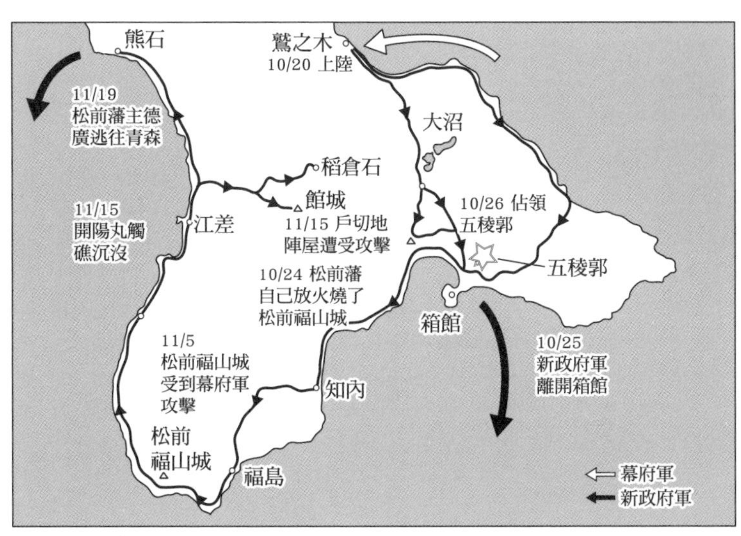

箱館戰爭圖（幕府軍的入侵）

井信郎）等約數百名從鷲之木濱沿海岸線經鹿部（北海道茅部郡鹿部村）、川汲峠（北海道函館市川汲町），兩路兵馬在各自行進的路途上遭遇上述備後福山、越前大野、弘前、松前等四藩藩兵。十月下旬的蝦夷地（當年的格列高里曆已進入12月）已是寒冬，放眼望去盡是銀白世界，道路積雪厚達一尺而寸步難行。儘管天氣如此惡劣，加上幕府軍成員多半來自氣候較為溫暖之地，大鳥和土方率領的部隊依舊保有高昂的鬥志，一路擊退四藩藩兵，到廿五日早上分別從東西方對五稜郭展開包圍。

數日來接連收到失敗消息的清水谷府知事認為一路敗退的四藩藩兵終究只能退守五稜郭，在幕府軍輪番猛攻之下，恐怕連五稜郭也難以守住，清水谷府知事過度擴大恐懼感的結果，使他做出無愧於公卿出身的決定：棄城而逃。

廿五日晚，清水谷府知事與一部分四藩藩兵搭上普魯士的船隻趁夜逃往青森，結果這座才竣工兩年多的西洋近代要塞根本尚未發揮其功用便被清水谷府知事棄置。廿六日清晨幕府軍大舉進占五稜郭，從十月廿一日在鷲之木濱上岸起到廿六日攻占五稜郭為止，總計只歷時六日。

廿七日，榎本艦隊在箱館港接收久保田藩的軍艦高雄丸，並將其改名為第二回天丸。

十一月一日，停泊在鷲之木濱的榎本艦隊紛紛開進箱館港，先前先行前往庄內藩支援的千代田形也在此時趕到箱館港，榎本艦隊的旗艦開陽丸在碼頭邊鳴放二十一響禮砲慶祝攻下箱館。

三、平定松前藩

雖然平定昔日箱館奉行所所在地箱館港，然而蝦夷地尚有松前藩這一對榎本艦隊不友善的勢力，因此平定松前藩成為已在箱館立足的榎本艦隊下一個討伐對象。

進行本節內容前，容筆者先簡單對本節主題松前藩作簡介。筆者在前作第二部第十五章曾提到元治元年禁門之變後幕府作了一些人事更動，第十二代松前藩主松前崇廣被任命為老中。外樣大名擔任老中在整個江戶時代實為鳳毛麟角，看似人人稱羨的松前崇廣很快因為兵庫開港談判弄得裡外不是人在慶應元年下台，再過一年崇廣病逝。崇廣養子德廣家督相續，成為第十三代藩主，不過松前德廣體弱多病，無法處理政事，因而任由藩內的尊王派和佐幕派傾軋鬥爭。鬥爭結果是尊王派獲勝，於是松前藩成為奧羽地區少數未加入奧羽越列藩同盟的藩。也由於有松前藩的協助，新政府勢力才能順利進入蝦夷地，如今在蝦夷地的新政府勢力已平定，在箱館的幕府軍理所當然將矛頭對準松前藩。

十月廿七日，土方率領新選組、彰義隊、額兵隊、衝鋒隊等諸隊約七百名兵力從箱館出發，沿著箱館灣海岸線往西南方朝進攻目標松前藩藩廳福山城（北海道松前郡松前町字松城）急行而去。前文有提過此時蝦夷地已是一片銀白世界，道路積雪深厚寸步難行，儘管如此土方率領的七百名軍隊於十一月一日推進至知內（北海道上磯郡知內町），此地已是松前藩勢力範圍。當夜土方讓士兵露宿野外消除連日急行軍的疲勞，然而，松前藩兵對於來者不善的入侵者採取夜襲行動。自元治元年以來已有多次指揮作戰經驗的土方，豈會因為松前藩兵夜襲而自亂陣腳？在身著全黑洋裝軍服、猶如飛將軍般從天而降的土方的激勵下，全軍從遇襲的慌亂中鎮定下來，愈戰愈勇的擊退松前藩兵。

二日清晨，土方在全軍休息不充分的情形下朝福山城而去，諸隊士對此雖有怨言，土方擺出一股不容反駁的態勢，諸隊士懾於土方的威嚴，只得跟在其後前進。

聽從鬼副長的命令應該不會有錯。

一路上松前藩兵只再組織一、兩次零星攻勢，對土方而言，這樣的攻勢毫無威脅可言。五日明六時半，土方下令帶來的兩門四斤山砲對準此行目標福山城砲擊。說到福山城，最初建於慶長五（一六〇〇）年，當時該城城主還以蠣崎做為姓氏，慶長十一年完工，此時藩主姓氏已從蠣崎改為松前。由於當時蝦夷地無法種植稻作，無法以農業收成量決定松前藩石高，於是松前藩成為罕見的「無高大名」，在這種情形興建的城規格應該接近陣屋（三萬石以下大名的築城格式），因此又稱為福山館。

十九世紀初不斷出沒在蝦夷地海域的俄國船艦，終於讓幕府意識到北疆的重要性，其因應之道除了讓原本只有四萬七千石的弘前藩和十萬石的盛岡藩提升為十萬石格和二十萬石格以提升兩藩的軍事力量外，還把無高大名松前藩提升至三萬石格，松前藩終於有築城的資格。

嘉永二（一八四九）年，年僅廿一歲的藩主松前崇廣（即松前藩唯一擔任過老中的藩主）聘用長沼流兵學者市川一學依照福山館原有的規模另築新城。嘉永改元安政那年（一八五四），一座擁有本丸、二丸、三丸且擁有三層天守、六座櫓、七座砲台及十六座城門的近世城郭矗立在松前町，此為蝦夷地僅有的一座日本式城郭。不僅如此，福山城占地約二萬三千五百餘坪，加上有六座櫓和七座砲台對抗外來攻擊，土方率領七百名兵力要攻下這樣的城有著極高的難度。

不過，這並不表示福山城是金城湯池、難以攻陷。福山城存在兩個致命缺點，首先是守軍只有百餘人，在防守上一定會有無暇顧及的死角；其次，福山城位在海邊，已在榎本艦隊船艦上安置的大砲射程範圍內。以百餘人防守一座偌大的城郭，在幕府軍海陸兩路同時進攻之下，恐怕難有勝算。

果不其然，幕府軍派出回天丸和蟠龍丸前來支援，土方的兩門四斤山砲也配置在城東法華寺山對準城郭砲擊。松前藩兵除了七座固定砲台外，還額外準備兩門大砲，在城內裝好砲彈，打開城門推出來射擊，然後再推入城內關上城門填裝砲彈，不斷重複這一連串動作使幕府軍難以接近城門。根據前彰義隊士丸毛利恒的記載，土方在大砲推進城後立即找來二十名槍兵瞄準城門，當城門再度打開立即瞄準大砲旁的松前藩兵射擊，不少松前藩兵應聲倒地，埋伏在槍兵之後的士兵見狀紛紛衝進城內，再配合回天丸、蟠龍丸在海上以及法華寺山上兩門四斤山砲，松前藩兵被打得毫無招架之力棄城而逃。

此時傳來一則令松前藩兵戰志低沉的消息：攻城戰才剛開始，體弱多病的藩主松前德廣早已在家老的安排下悄悄從後城門撤走。

可惡！這算什麼主君！

不到半日，福山城已被土方攻下，加上前些日子攻下的五稜郭，蝦夷地最先進的兩座城郭全在幕府軍控制之下，榎本立足蝦夷地、開拓蝦夷地的構想不再是紙上談兵，而有實現的可能。

棄城逃走的藩主和松前藩兵撤往北邊靠海之地江差，土方讓手下充分休息後於十一月十二日以星恂太郎的額兵隊為主力進攻江差。江差在今日是檜山**振興局**（根據《地方自治法》都道府縣為統合地方政務，得以在其行政區域內設置管轄部分事務的派出機關，其名稱原為支廳，現依都道府縣的需要而有「振興局」、「縣民局」、「總和振興局」、「廣域振興局」、「地域振興局」、「地方振興局」等名稱）所在地，顯然地理位置上有一定程度的重要性。

不過，幕府軍更感興趣之地是位在江差以東約十八公里的館城（北海道檜山郡厚澤部町字城丘），因為棄福山城逃跑的藩主松前德廣及該藩家老都躲藏在此。在箱館坐鎮的大鳥圭介派出前幕府步兵頭並松岡四郎次郎，率領由他成立的一聯隊（約五百人）從五稜郭出發進攻館城。

和五稜郭、福山城相比，館城是一座更為年輕的城郭，慶應四年七月由藩內鬥爭勝出的尊王派，鑒於五稜郭、福山城兩座西洋式城郭均建於靠海處，有遭受來自海上船艦砲擊的威脅，因此選擇在不會遭受海上砲擊的內陸地區建築館城。不過，隨著榎本艦隊在十月下旬的到來，館城興建的時間也隨之壓縮，因此在防禦上，館城可能遠遠不如五稜郭和福山城。

星恂太郎率領額兵隊在前往江差途中先在大瀧（北海道檜山郡上國町字館野）擊敗松前藩兵，接著北上包圍江差，十五日攻下江差，結束海線戰事。松岡四郎次郎率領的一聯隊也在稻倉石（北海道檜山郡厚澤部町峠下）與松前藩兵作戰獲勝，繼而也在十五日包圍館城。前文已有提過，倉促興建的館城不耐久攻，當日便為一聯隊攻下。

松前德廣及其家臣六十餘人只得再往北逃至熊石（北海道二海郡八雲町），那裡是松前藩境最北端。

四、難以置信的意外

榎本武揚在十四日上午獲報江差即將攻下的消息後，在箱館的幕府軍歡聲雷動，當日榎本乘坐旗艦開陽丸從箱館港出發，準備前往江差見證這一值得驕傲的時刻。榎本中途在松前與游擊隊首領人見勝太郎召開軍事會議，耽擱了些許時間。之後開陽丸冒著暴風雪北上，十五日暮六時抵達江差沖，幾小時後卻發生令人難以置信的意外。

暴風雪導致視線不佳，開陽丸在狂風巨浪之下觸礁擱淺，在江差沖南岸動彈不得。榎本下令開砲，想藉由砲擊的後座力試著脫離暗礁區，但是此舉並未奏效。榎本緊急通知箱館，請求那邊派遣回天丸和神速丸前來支援拖曳開陽丸。

開陽丸艦長澤太郎左衛門下令船上官兵和水手緊急疏散，因為開陽丸的船身出現傾斜，回天丸和神速丸同樣在暴風雪的天氣下繞過蝦夷地最南端白神岬（北海道松前郡松前町，隔津輕海峽與津輕半島最北端龍飛崎遙遙相對）然後直行北上。當兩船於十七日抵達江差沖，開陽丸已因過度傾斜而沉沒。

排水量二五九〇噸、是當時日本噸位數最大的軍艦開陽丸竟然在如此令人難以置信的情形下觸礁沉沒，之後抵達的回天丸和神速丸因激烈的風浪難以靠岸，回天丸當下做出返回箱館的決定。在暴風雪中強行航行導致螺旋槳故障、無法動彈的神速丸，在狂風吹拂下船底觸礁，最終步上與開陽丸同樣的命運。

開陽丸沉沒等於削去榎本的雙臂，當時日本沒有一艘船艦在噸位數上可與之相比，不僅如此，可搭載廿六門大砲（其中有十八門破壞力極強的克虜伯砲）的開陽丸也是當時日本船艦難以望其項背。移交新政府的船艦富士山丸只有一千噸排水量以及十二門大砲，不管就排水量或大砲數而言都不到開陽丸一半。有開陽丸在，新政府軍憑藉其現有的海軍船艦要攻下蝦夷地可說難如登天，少了開陽丸，僅憑回天、蟠龍、千代田形三艘軍艦要守住箱館、松前、江差這三點多達數百公里的制海權無異於緣木求魚。或許是預見到蝦夷地幕府軍未來的命運，大鳥圭介在其日記寫下：

肝寒膽破，切齒扼腕而淚流不止。

昭和四十九（一九七四）年8月，江差町教育委員會根據文獻的記載推測出開陽丸沉沒的大致位置，聘請專業潛水夫潛入海中進行調查，結果發現不少開陽丸的遺物。調查持續進行十年，總計找到三萬兩千九百餘件開陽丸上的遺物，於是在開陽丸沉沒處成立開陽丸歷史館以保存船艦上的遺物。

五、蝦夷政權成立

本書序章緊接在前作第二部第二十章《王政復古大號令》之後，日期上是慶應三年十二月九日，若換算為格列高里曆則為1868年1月3日。從本書序章起儘管歷經江戶無血開城、上野戰爭、北越戰爭、會津戰爭等一系列戰爭，時間上也從慶應三年進入慶應四年以及明治改元等政治事件。然而上述事情都發生在格列高里曆1868年，開陽丸和神速丸意外在江差沖觸礁沉沒後再過兩日，即明治元年十一月十九日，是格列高里曆1869年1月1日，由於剛剛失去至為重要的軍艦開陽丸，全軍無暇慶祝新年的到來，只是派出軍隊追擊數日前逃往熊石的松前藩兵。

廿日，松前德廣及其家臣六十餘人搭乘長榮丸（不確定隸屬哪一藩，似乎是私人船隻）離開熊石，朝弘前藩領內而去，被拋在蝦夷地的三百餘名松前藩士只有向幕府軍降伏一途。自十月廿一日榎本艦隊在鷲之木濱登陸起，至十一月廿日接受松前藩士降伏為止，前後歷時約一個月，幕府軍終於平定蝦夷地所有新政府軍勢力。必須說明的是，幕府軍平定的蝦夷地其實只有今日北海道渡島總合振興局及檜山振興局兩地而已，這是蝦夷地最早開發的地區，加起來還不到今日北海道全島面積十分之一。

體弱多病的松前藩主松前德廣一個月來多次倉皇逃命，來到弘前藩後被移轉到藥王院（青森縣弘前市笹森町）養病。然而身體虛弱至極的他再也支撐不住，多次咯血，廿九日在藥王院病逝，得年廿六歲，遺體在當日送往長勝寺（青森縣弘前市西茂森町）下葬。

進入十二月，轉戰各地的幕府軍諸隊陸續返回箱館，儘管開陽丸沉沒的陰影還在，榎本剩下的船艦於十五日在箱館碼頭弁天台場附近鳴放一百零一發空砲彈作為慶祝。解決了蝦夷地的新政府軍勢力，榎本隨即面臨到在蝦夷地建立新政權的問題。榎本在平定蝦夷地的過程中思考未來可能面臨的問題，包括幕府時代簽訂條約將箱館港作為對歐美列強開放的港口因此而來到蝦夷地的駐外使節與貿易商人，如何與這些外國人相處並與他們保持良好的關係對榎本而言是一大課題。當初在榎本的號召下而跟隨的三千多人該如何安置他們？如何運用他們的體能去開發這片廣大未知的天地也是一大課題。

於是榎本決定建立一個與新政府截然不同的新政權，這個新政權的官員不由家世決定，也不能世襲，而是透過彼此間的選舉產生。十二月十五日，在箱館奉行所舉行日本破天荒有史以來第一次選舉，選出榎本欲建立的新政權官員。幕末時期的蘭學者或洋學者（不再以荷蘭，而改以更為先進的英、法、美等國的書籍為學習對象）透過書籍對於歐美政治上的選舉制度已有一定程度的了解，曾到荷蘭留學約三年半的榎本對於選舉制度的流程想必比尋常蘭學者或洋學者更為深刻。

十二月十五日的選舉（另有二說是在廿二日或廿八日）雖是日本第一次，過程卻有很大的瑕疵，因為並不是每位跟隨榎本來到蝦夷地的官兵都有選舉權，選舉的資格被限制在士官以上，因此實際進行投票人數只落在十分之一左右。依當日選舉投票結果，選出以下四個職務：

總裁

榎本釜次郎——一百五十五票

松平太郎——十四票

永井尚志——四票

大鳥圭介——一票

副總裁

松平太郎——一百廿六票

榎本釜次郎——十八票

大鳥圭介——七票

永井尚志——五票

荒井郁之助——四票

土方歲三——二票

柴誠一——一票

海軍奉行

荒井郁之助——七十三票

澤太郎左衛門——十四票

柴誠一——十三票

甲賀源吾——九票

松岡磐吉——二票
古屋作左衛門——一票

陸軍奉行
大鳥圭介——八十九票
松平太郎——十一票
土方歲三——八票
松岡四郎次郎——六票
伊庭八郎——一票
町田肇——一票

之後又陸續進行其他職務投票，總計榎本新政權的成員如下：

總裁：榎本釜次郎（武揚）

副總裁：松平太郎

海軍奉行：荒井郁之助

陸軍奉行：大鳥圭介

陸軍奉行並箱館市中取締裁判局頭取：土方歲三

開拓奉行：澤太郎左衛門

箱館奉行：永井主水（尚志）

箱館奉行並：中島三郎助

會計奉行：榎本對馬（道章）

會計奉行：川村錄四郎

松前奉行：人見勝太郎

江差奉行：松岡四郎次郎

江差奉行並：小杉雅之進

海陸裁判局：竹中重固

海陸裁判局：今井信郎

榎本建立的新政權普遍被稱為「蝦夷政權」、「箱館政權」或「蝦夷共和國」，當時列強一致認為是「事實上的政權」。不過，已故學者石井孝教授指出，「『蝦夷政權』的核心人物皆為舊幕臣，他們皆自稱『德川脫藩家臣』，其北上的意圖在於將蝦夷地建設為德川家臣團的王國。」

另外，已故學者田中彰教授也指出這一政權是以「舊幕臣為中心、『僅限武士』的『共和國』。實際上這個政權如同《榎本武揚等嘆願書》所言，承認『王政復古』的天皇政府，『一則為皇國，二則為德川』，是照顧舊幕臣及負責北門警戒的政權。」

因此，田中教授做出如下結論：

……寄託舊幕臣夢想的「共和國」與以民眾為基礎的「共和國」，大體上是風馬牛不相及的存在。

從筆者的敘述及引用兩位教授著作的引文來看，榎本建立的政權既不多數，也不民主，更非共和，因此筆者不以「蝦夷共和國」稱之，而稱為「蝦夷政權」或「箱館政權」。筆者在第一章第十節提到慶喜從大坂城撤回江戶時運走城內積存的十八萬兩，這十八萬兩輾轉跟隨榎本來到蝦夷地，榎本運用其中的十五萬兩建立蝦夷政權。

榎本等人在迎接蝦夷政權建立同時也迎接明治二年的到來。距蝦夷地千里之外的新政府會默許蝦夷政權的建立、進而壯大嗎？如今蝦夷政權已經失去令新政府軍畏懼的開陽丸，能夠屏障蝦夷政權的不是回天丸、蟠龍丸、千代田形三艘軍艦，而是隔開蝦夷地與本州北部的津輕海峽及冬天的暴風雪。不過津輕海峽最窄處（白神岬與龍飛崎之間）只有二十公里左右，等到來年春天春暖花開，新政府軍應該會窮盡全國之力大舉進攻，沒有開陽丸的蝦夷政權該如何因應？下一章即將為讀者介紹戊辰戰爭的最後一役——箱館戰爭。

豆知識

蝦夷政權核心地五稜郭及建造者武田斐三郎其人

有到北海道函館市旅遊的觀光客大致上都會搭纜車上函館山，享受從函館山上看函館市區的夜景（世界三大夜景之一），這是前來函館必不可缺的行程。不過，函館還有一個不可不去造訪的景點，即是本文要提及的五稜郭。

本章第二節提到《日美和親條約》批准後，幕府在作為條約開放的港口箱館恢復享和年間設置的箱館奉行，不管是享和年間或是安政年間，設置箱館奉行的目的都是要防禦俄羅斯對蝦夷地的覬覦。最初，箱館奉行所位在函館山下的宇須岸館，不過，宇須岸館與本章第三節提到的福山城一樣有受到來自海上攻擊的危險。接連兩任箱館奉行竹內保德、堀利熙均認為箱館奉行所必須遷徙至海上船艦大砲的射程範圍之外，最好能構築在四方土壘之內。兩任箱館奉行將構想寫成意見書向幕府老中們陳述，當時老中首座阿部正弘與其他五名老中討論後，接受箱館奉行的提議。

雖然以阿部為首的老中們同意箱館奉行擇地另建奉行所的提議，但是新的奉行所要怎麼建、要建成哪種規格卻沒有著落。安政二年七月，法國軍艦君士坦丁號造訪箱館港，箱館奉行責成負責製造器械和彈藥的伊予大洲藩士武田斐三郎，在有限的時間內向君士坦丁號艦上的軍事家請益學習。

為何箱館奉行下令武田斐三郎向法國學習呢？除了武田負責製造器械和彈藥外，更主要的原因在於他本身便是蘭學者。武田斐三郎出身伊予大洲藩，這是一個只有六萬石的外樣小藩，該藩所在位置比筆者前作經常提到的宇和島藩略北，同屬今日四國愛媛縣。在沒有鐵道建設的幕末，兩藩都是倚靠海洋取得與外部的聯繫，巧合的是，兩藩面臨的同是被稱為宇和海的海洋。

武田斐三郎出身一個漢方醫（中醫）的家庭，早年就讀大洲藩藩校明倫堂，以優異成績結業的他被推薦前往大坂緒方洪庵的適塾朝蘭醫發展，與日後的大村益次郎、福澤諭吉一樣成為適塾塾頭。武田不滿足於在適塾的成就，因此在洪庵的推薦下又前往江戶跟隨佐久間象山學習兵學和砲學。黑船事件後，幕府與諸藩對蘭學者需求若渴，這點筆者在介紹大村時已有提及，精通醫學、兵學和砲學的武田符合幕府需求，因此幕府以旗本格的待遇將其延攬。

之後奉幕府之命作為箱館奉行堀利熙的隨從，前往蝦夷地、樺太視察，同行者中有本章提到的榎本武揚。這次箱館之行改變武田的命運，他不僅在這個被視為化外之地的北方國土待了十年，更在這裡留下他對日本的最大貢獻。

蘭學基礎深厚的武田向君士坦丁號上的學者請益後，捨棄傳統日本式城郭，採用歐洲行之多年的「稜堡式」城郭（也稱為星形要塞），將城郭設計成星形方便配置大砲。安政三年十一月，幕府任命河津祐邦為箱館奉行支配組頭，負責整個建築統籌，另外又任命鈴木孫四郎、山口顯之進、武田斐三郎三人為普請掛，然而真正負責建造的只有武田。

五稜郭原名為「龜田役所土壘」、「龜田御役所土壘」或「柳野城」，五稜郭是竣工後根據其特殊的五芒星外觀而給以的通稱，久而久之，五稜郭成為正式名稱，原來的名稱反而遭到遺忘（本文以最常見的五稜郭稱之）。

武田斐三郎建造五稜郭的同時，也在箱館奉行所原址西北方不到一公里處的箱館灣建造弁天台場以加強箱館灣武力。弁天台場共有六十斤砲兩門、廿四斤砲十三門，武力算得上強大，可惜的是，日後榎本艦隊進攻箱館以及下一章將介紹的新政府軍進攻蝦夷政權（箱館戰爭），這十五門砲幾乎都沒有派上用場。

元治元年初，歷時六年多的五稜郭終於完工，總共耗去四十一萬兩，總占地約七萬六千五百餘坪，是前文提到的福山城三倍以上，不過若只計算壕溝以內的部分，占地只有約三萬六千三百坪。

必須一提的是，五稜郭並非日本唯一的星形要塞，在五稜郭東北方約三公里處有一座由前法國軍事顧問團成員之一瞿勒·布宇內大尉，在大鳥圭介的請求下於明治二年興建四稜郭。四稜郭的規模比五稜郭小了許多，只有六千五百餘坪。另外在北海道北斗市以及大阪府枚方市也有戶切地陣屋、楠葉台場等都曾經是著名的星形要塞，可惜上述三地如今只剩下遺跡。

大約與五稜郭同時，信濃國田野口藩（原為三河國奧殿藩，藩廳於文久三年遷徙至信濃國田野口後改稱）藩主松平乘謨（慶應年間曾任老中）於元治元年三月也建造一座類似五稜郭的星形要塞龍岡城（長野縣佐久市田口）。到慶應三年四月為止，龍岡城只完成御殿和石垣，之後因戊辰戰爭進而幕府瓦解，築城工作因政治因素和經濟因素被迫中斷，甚為可惜。

今日五稜郭被指定為「國家特別史跡」（北海道唯一一個）及北海道遺產，也許在不久的將來五稜郭會出現在世界遺產名單中。

第十二章

箱館戰爭

一、列強撤除「局外中立」的過程

箱館是《日美和親條約》中對美國開放的港口之一，原本是美國獨占的港口，不過隨著日本與其他國家簽訂類似和親條約，根據條約內的條款箱館也隨之向其他列強開放。自安政年間對外開放以來，很快地與橫濱一樣發展出外國人居住的區域。當榎本艦隊登陸鷲之木濱一事為當地外國使節得知時，立即拍電報通知位在橫濱各國公使館的駐日公使。各國公使或許在政治上因支持對象的不同而有所齟齬，不過，只要一威脅到他們在日本的利益，他們可以暫時擱置政治上的歧見，團結一致以對抗威脅他們利益的勢力或團體。十月廿九日，各國公使已經達成共識：為保護外國僑民以及外國居留地不受榎本艦隊進入，各國決定派遣軍艦前往箱館。

派遣軍隊前往箱館維護各國在日利益的大目標雖然取得共識，但是在對於是否該封鎖箱館港、是否該視榎本艦隊為交戰對象等項目上，英國公使巴夏禮與普魯士代理公使布蘭德特出現對立。巴夏禮主張封鎖箱館港，對於榎本艦隊的所有要求皆不予理睬，按巴夏禮的態度來看，榎本日後建立的政權（蝦夷政權）多半也不予以承認。

普魯士代理公使布蘭德特與巴夏禮有不同看法，他反對封鎖箱館港，對於新政府和榎本政權既不承認，也不否認（亦即保持中立）。六月接替被免職的侯許成為新任法國公使的馬克辛・烏泰（Maxime Outrey）以及荷蘭公使贊同巴夏禮，美國公使瓦爾肯布赫和義大利公使則贊同布蘭德特，六國公使對於箱館港封鎖與否以及如何看待榎本政權出現兩種意見。

當晚巴夏禮和馬克辛・烏泰兩人閉門密談，翌日兩人就關於為保護箱館居留民的處置做出協議。兩國公使可以直接決定派遣軍艦前往箱館，並針對派出的軍艦艦長及兩國在箱館的領事下達的命令簽訂以下四條備忘錄，其內容如下：

(1)兩人（巴夏禮和馬克辛．烏泰）認為以德川脫藩家臣（指榎本率領的艦隊）的現狀來看，並不具備交戰權的必要條件。然而，若要封鎖在箱館港的德川家臣的軍艦，兩人認為只能由英國和法國的船艦來進行封鎖的任務。

(2)兩人對於日本的內戰一貫採取不干涉的立場。因此，兩國海軍指揮官警告箱館港內的德川家臣若做出有妨礙兩國商船在箱館港內卸貨的行為時，將做出必要的處置。其處置與第一條內容相同，箱館城鎮若已落入德川家臣之手亦適用。

(3)對於迫於無奈必須採取進攻箱館城鎮的情形下，由兩國的海軍指揮官承擔。不過，為了讓歐洲住民能夠撤出，至少會預先在二十四小時前予以示警，應給予德川家臣的忠告。

(4)若是箱館城鎮已落入德川家臣之手，其領事及海軍指揮官必須負起嚴密保護歐洲人安全的責任。

巴夏禮和馬克辛．烏泰於十月三十日（格列高里曆12月13日）簽訂此備忘錄，然而筆者在前章提到五稜郭在十月廿六日為榎本艦隊攻下，因此備忘錄設定的情況與真實情況有若干差異。

十一月一日，英、法各派一艘軍艦從橫濱港出發，四日夜抵達箱館港。駐守的幕府軍從懸掛在船艦上的國旗認出來者後，下令沿岸砲台朝兩艦施放二十一響禮砲歡迎他們到來，英、法軍艦無視榎本艦隊的禮砲不予回應。

八日，榎本接見兩國派來的軍艦艦長及兩國駐箱館領事，在會談前他們先遞上英、法兩國公使的備忘錄，榎本面對已表明立場的英、法領事仍不卑不亢的暢談率領艦隊北上旨在開拓蝦夷地以安頓德川家臣的構想。英、法領事並不理會榎本的說詞，反過來勸告榎本主動交出在蝦夷地的船艦以作為與天皇政府和解的條件，英、法兩國公使可以保證在蝦夷地的德川家臣人身安全的提議。

這天會談在雙方都沒有共識的情形下結束。十六日兩艘軍艦返回橫濱，艦長各自向自國公使回報會談的經過，巴夏禮和馬克辛・烏泰兩人針對原備忘錄中若干部分再做加強，於十九日提出新的備忘錄，增加「若無英國軍艦或法國軍艦在場，榎本的艦隊沒有在箱館港內進行臨檢、搜索權的權利」、「英國船隻或法國船隻進入蝦夷地沒有開放的港口進行走私貿易，允許德川脫藩家臣基於《日英通商條約》或《日法通商條約》貿易章程中的規定處理」等條款，並重申「德川脫藩家臣不得行使交戰權。」

鳥羽．伏見之戰結束後的慶應四年一月廿三到廿五日，英、法、美、荷、普、義六國公使曾就對日中立問題與否進行連日討論。列強的局外中立與否為何需要連日的討論呢？原來幕府在慶應三年耗費四十萬美元向剛結束南北戰爭的美國訂購一艘名為「石牆號」(Stonewall)的船艦，將於慶應四年春抵達橫濱港。新政府軍的海軍實力遠不如幕府軍，因此不願見到幕府海軍增添生力軍，因此希望各國公使局外中立，如此一來便能使石牆抵達橫濱港時暫由各國接管。

讀者可能會納悶為何新政府軍如此在意石牆號，要百般阻攔這艘船交接到幕府軍手上呢？石牆排水量為一三五八噸，充其量只有開陽丸一半，不過石牆的特點在於它是一艘鋼鐵製鐵甲艦，這樣的軍艦即便放眼歐美列強也屬少數，在幕末的日本更是絕無僅有。已經擁有開陽丸的幕府海軍，若再加上石牆，新政府軍在海戰上根本無法撼動幕府軍，因此希望六國公使局外中立，不讓石牆順利交接給幕府軍。

「局外中立」係指兩國交戰時，第三國不予特定之利益或損害於交戰國。「特定之利益」可以包含在橫濱港為各國接管的鐵甲艦石牆號，在慶應四年一月看來，各國保持局外中立使海軍力量薄弱的新政府軍處在有利的位置上。

當初新政府可能沒有想到戊辰戰爭的戰線會延續到蝦夷地，因此遲遲沒有要求各國廢除局外中立，隨著十月十八日榎本艦隊從宮古灣啟航北上，無力追擊的新政府軍凸顯出其海軍實力嚴重不足。要在短時間內拉近與幕府軍差距的最快方法是取得石牆號，為此必須先讓列強撤除局外中立。

趁著天皇巡幸東京向人民展示天皇權威之際，六國公使於十一月廿二、廿三兩日分批謁見年輕的天皇。江戶幕府早已在慶應四年二月畫下句點，蝦夷地雖還有逃脫的德川家臣企圖延續幕府命脈，終究不會是已控有除蝦夷地外的新政府之敵。因此英、法、荷、義四國公使在這次謁見正式承認天皇政府為日本合法的政權，未表態的美、普兩國公使則持保留態度。四國公使的承認大大提高天皇政府的國際威信，當然，四國公使不會做沒有利益的舉動，這也代表幕府時代與歐美列強簽訂的條約以及從幕府身上取得的既有利益，天皇政府都必須無條件的繼承下去。

當時新政府有意趁此良機一鼓作氣讓歐美列強撤除局外中立，由時任議政官上局議定兼行政官輔相的岩倉具視負責與各國公使交涉。岩倉於十一月廿七日在幕府時期為德川將軍的別邸濱御殿（東京都中央區濱離宮庭園，現為濱離宮恩賜庭園）與巴夏禮會面，岩倉向巴夏禮抱怨道：

> 現在還維持局外中立的宣言，等於把海賊一黨（指榎本一行人）和天皇政府置於相同水準，身為友好國代表的您應該做出重大貢獻的時候。

能言善道的岩倉所言合情合理，不過巴夏禮也非泛泛之輩，即便認為岩倉的話有理，但茲事體大，不便當面給予岩倉承諾。於是岩倉於十二月三日在橫濱同時與六國公使會面，開場白先談及在天皇政府的努力下，日本全國平定指日可待。接著話鋒一轉，當場向六國公使喊話：

> 天皇政府向各國代表要求廢止局外中立宣言。

六日，六國公使閉門討論對日局外中立撤除問題，天皇政府的優勢已不容置疑，先前未表態的美、普兩國公使也承認天皇政府有統一全境的能力，於是話題轉往撤除局外中立上。英、法、荷、義四國公使認為應立即撤除局外中立，美、普兩國公使認為撤除局外中立並非當務之急，可留待到平定蝦夷政權後再做交涉。接下來在十、十一日，六國公使又針對這一議題進行兩次討論，終於達成一致共識，同意撤除對日本的局外中立。

為慎重起見，岩倉於十二、十四日兩次會見英、法公使館書記官，確定一切細節都不構成對六國公使撤除局外中立造成影響後，岩倉一如預定於十二月十五日在橫濱會見六國公使，協議撤除局外中立的日期。除美國公使瓦爾肯布赫以先前（指十、十一日）會議情報不充分，與美國駐箱館領事聯繫需要若干時日為由延期兩周外，其餘五國可說毫無異議。美國公使此舉未必是為反對而反對，岩倉判斷瓦爾肯布赫公使的舉動不至於造成撤除局外中立的妨礙，當下爽快同意延後兩周。

瓦爾肯布赫公使聽取駐箱館領事充分的情報後認定蝦夷政權已無實力再與天皇政府為敵，認為唯有同意撤除局外中立才是保障美國在日本利益的最佳良策，因此致電岩倉，同意撤除局外中立。難掩興奮之情的岩倉遂在明治元年結束前於十二月廿八日（格列高里曆1869年2月9日）正式布告各國撤除對日局外中立。

二、宮古灣海戰

從前節的內容可知，新政府之所以要求六國撤除局外中立是為阻止石牆號落入榎本手中，石牆號再加上榎本艦隊既有的開陽丸，光這兩艘船艦便足以控制蝦夷地沿岸制海權。岩倉和巴夏禮開始交涉撤除局外中立時可能還不知道開陽丸觸礁沉沒的消息，然而，最遲到正式對外布告各國撤除對日局外中立，岩倉一定已從各國公使口中得知榎本艦隊失去最大的屏障。既然已知開陽丸沉沒的消息，新政府還有必要花錢購買石牆號嗎？

答案當然是肯定的。此時購入石牆號新政府海軍戰力便能超越蝦夷政權，只要春天一到便可以渡海進攻蝦夷政權。只不過石牆號所費不貲，戊辰戰爭開戰至今歷時將近一年，新政府光是軍費便已債台高築，即便屢次向御用商人小野組、島田組、三井家徵用仍有杯水車薪之感。明治四年以後小野組、島田組因龐大債務無法收回而宣告破產，想來與戊辰戰爭期間挹注太多軍費不無關係。

在岩倉等太政官成員奔走下，新政府於明治二年一月六日與美國簽訂石牆號讓渡契約，付清幕府未支付的部分費用後取得石牆號的所有權，並將石牆號改名甲鐵艦，成為新政府

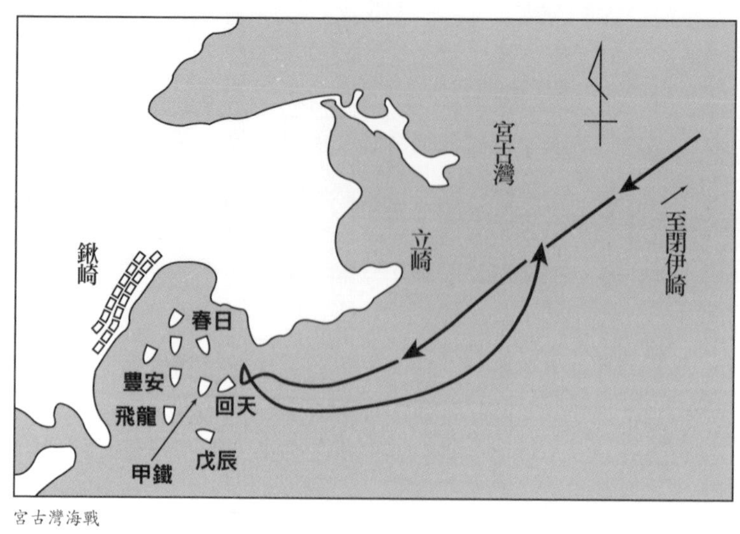

宮古灣海戰

軍艦隊的旗艦。不過，雖然稱為甲鐵艦，船艦艦身仍為木造，只是在木造之外通體裹上鋼板，再用鐵錨釘固定，如此一來木造的船身便不會直接受到砲彈攻擊。雖然甲鐵艦只有區區四門砲(開陽丸有廿六門砲)，然而卻是三百磅和七十磅的巨砲，在當時被這種砲彈打中的船艦無一能倖免。

且先容筆者談一下後話，明治四年甲鐵艦改名東艦，首任艦長為之後日清戰爭期間的聯合艦隊司令長官海軍元帥伊東祐亨。明治七年佐賀之亂、台灣出兵，時任海軍少佐的伊東奉命運送大量日本官兵前往前線戰場。明治七年8月19日停泊長崎期間遇上颱風沉沒，颱風過後自行浮出水面，拖往三浦半島東岸橫須賀海軍工廠整修後復歸現役，在明治十年西南戰爭期間在瀨戶內海擔任警備任務，明治廿一年1月28日除役。

附帶一提，東艦的讀音為「AZUMA」，漢字除寫成「東」外，也可寫為「吾妻」。戰前的日本軍艦既有東艦，亦有吾妻艦（裝甲巡洋艦），雖然同音聽起來容易混淆，不過事實上兩者不曾同時服役過。

新政府入手甲鐵艦後開始積極動員，為進攻蝦夷政權而做準備。明治二年三月九日朝五時，新政府軍在品川沖集結以下七艘船艦（括弧內表示該船艦的擁有者）準備出航北上：

軍艦

甲鐵船（新政府）一三五八噸

春日（薩摩）一二六九噸

丁卯丸（長州）一二五噸

運輸船

飛龍丸（新政府）噸數不詳
豐安丸（藝州）四七三噸
戊辰丸（德島）三一六噸
晨風丸（久留米）二〇〇噸

甲鐵艦一行於十日抵達浦賀，在這裡加入生力軍：

軍艦
陽春（久保田）五三〇噸

新政府軍總共有四艘軍艦、四艘運輸船共計八艘船艦；到前章結束建立蝦夷政權為止，其擁有的船艦如下：

軍艦

回天丸——一六七八噸

蟠龍丸——三七〇噸

千代田形——一四〇噸

高雄丸（在箱館港接收久保田藩的船艦，艦長古川節藏）——三五〇噸

運輸船

長鯨丸——九九六噸

鳳凰丸——五百到六百噸

大江丸——約一六〇噸

兩相對照不難發現孰優孰劣，而且就算新政府軍時運不濟，派出的艦隊全數遭殲，也還能繼續再派出艦隊與蝦夷政權作戰，蝦夷政權一旦有船艦沉沒無法期待能獲得補給。

為了避開暴風，新政府艦隊待到十六日明六時半才從浦賀啟航，一路上天候說不上風和日麗，倒也沒有出現榎本艦隊船毀人亡的悲劇。甲鐵艦率先於十八日抵達宮古灣，其他

七艦陸續跟進，廿一日正午八艘船艦安然無恙的在宮古灣會合。

新政府艦隊在宮古灣會合的消息傳入蝦夷地，任誰都知道在宮古灣會合的下一步必定是北上登陸蝦夷地，然後與島上蝦夷政權作戰，與當初榎本平定蝦夷地、建立蝦夷政權的過程如出一轍。如同筆者在前文所述，蝦夷政權失去開陽丸後海軍力量已大不如前，而新政府取得甲鐵艦後海軍已有平定蝦夷政權的實力，若任由新政府軍登陸蝦夷地，蝦夷政權恐怕一戰即潰。主動出擊勝過在蝦夷地上被動挨打來得好，但是問題在於此時蝦夷政權並無主動出擊的實力。

就在蝦夷政權首腦對於主動出擊與否猶豫不決時，陸軍奉行並箱館市中取締裁判局頭取土方歲三胸有成竹的說道：

我有辦法！

土方提出的方法為前往宮古灣奪取甲鐵艦，土方認為只要奪下甲鐵艦就能彌補船艦數量上的不足，進而扭轉不利於己的局面。對於船艦噸數已為新政府超越的蝦夷政權而言，奪取甲鐵艦應該是唯一可行的方法。然而，土方所述的奪取甲鐵艦卻是由他本人選出若干劍術精良之士，由其他船艦載往宮古灣，趁著黑夜跳上甲鐵艦的甲板殺光船上敵軍，然後將甲鐵艦開回蝦夷地。

土方此語一出，在場的蝦夷政權首腦無一不為之訝異。不過，榎本等人想不出比土方更好的方法，在與海軍奉行荒井郁之助、回天丸艦長甲賀源吾、前法國軍事顧問團成員之一瞿勒·布宇內討論後最終採納土方的計策。

土方的作戰構想是在狹窄的甲板上近身決鬥，因此受過西洋陸軍訓練的幕府諸隊不在他的考慮對象中。

那些只仗著武器精良的人終究不能信任。

於是土方從新選組、彰義隊、神木隊（越後高田藩不願加入新政府的藩士自行組成的隊伍）、游擊隊選出約百名具膽識、劍術精湛的人，這些人之中有的從鳥羽·伏見之戰起便一路跟隨土方從京都一直轉戰至蝦夷地，對土方而言，這些以劍維生、終生在刀口下過活的部下才是值得他信任的人。

三月廿一日夜九時半，蝦夷政權僅有的四艘軍艦中回天丸、蟠龍丸、高雄丸三艘，搭載土方及約百名精於劍術的劍士啟程離開。離行前，蝦夷政權總裁榎本武揚和副總裁松平太郎一一為這些壯士敬酒，榎本和松平想必知道此行能成功奪取甲鐵艦的機會非常渺茫，就算僥倖成功犧牲必也慘重。

為了避免受到暴風沖散，回天丸、蟠龍丸、高雄丸三艦用粗繩繫成一縱列繞過尻屋崎後航行在幾乎呈現筆直的海岸線，通過八戶港（青森縣八戶市）後進入現在稱為三陸海岸的海域。榎本艦隊從前年八月十九日起幾乎只要出海航行總是與暴風有緣，廿三日在三陸海岸遇上颱風，狂風暴雨吹斷聯繫三艦的粗繩，並讓三艦受到程度不等的損害；滔天巨浪吹散蟠龍丸，回天丸、高雄丸趕緊駛進宮古灣以南的山田灣（岩手縣下閉伊郡山田町）躲避風雨，同時修補損害的船身。

在躲避風雨、修補損害期間，回天丸掛上美國國旗，高雄丸則掛上俄國國旗，打算在颱風過後以外國船艦身分混進宮古灣展開襲擊，奪取甲鐵艦。兩艦的整修持續到廿四日晚，回天丸大致上已修復完畢，受損較為嚴重的高雄丸只能以三節的時速前進，山田灣到宮古灣約四十公里航程，高雄丸需費時七小時以上，時速十二節的回天丸大約兩小時即可抵達。換言之，此次爭奪甲鐵艦很可能得由回天丸獨自完成。

廿五日夜八時半，回天丸、高雄丸駛出山田灣，曉七時半前進入宮古灣，確認甲鐵艦所在的位置後緩緩向前接近，停靠在甲鐵艦旁的是薩摩藩藩船春日。筆者在第一章第二節阿波沖海戰結束後曾提到身中數彈的春日，因當時日本並無適當的船塢可供修復，四月才由新政府委託英國商人拖往上海修復，中間曾於八月搭載西鄉吉之助及其二弟吉二郎前往北越戰場參戰（導致吉二郎戰死該地），之後又歷經整修直到明治二年此時重新服役、加入戰局。

春日艦的三等砲術士官東鄉平八郎發現一艘掛有美國國旗的船艦正緩緩接近甲鐵艦，外國船艦出現在宮古灣這一名不見經傳的小港灣本身便是一件怪事，何況這艘船艦幾乎快撞上甲鐵艦了卻還不斷靠近中。當時的東鄉對於海軍還懵懂無知，無從得知回天丸的企圖，倒是記得趕緊把他的發現對上級通報。春日艦長赤塚源六與幾位參謀判斷來者是蝦夷政權的船艦，隨即通報甲鐵艦提高警覺。

赤塚的通報晚了一步，回天丸已經靠近甲鐵艦，此時回天丸迅速降下美國的星條旗，升上幕末以來代表幕府海軍的日章旗。甲鐵艦上的新政府海軍官兵多數還在睡夢中，原本是個突襲的大好時機，不過，回天丸接近時船首竟壓在甲鐵艦左舷上，使得原本應該高度相近的兩艦卻成為回天丸高出甲鐵艦三、四公尺，土方挑選出的劍士看到要從這三、四公尺的高度躍下不免有所躊躇。

雖然最後他們都跟隨土方一躍而下，但是這一躊躇讓甲鐵艦上的新政府軍有了準備的時間，同時其他新政府軍的船艦也紛紛靠攏過來，儘管土方依舊猶如飛將軍從天而降般神勇無比，不過要奪取甲鐵艦已非易事。土方挑選的百名劍士只有約五十名搭乘回天丸，面對不斷增援的新政府軍顯得人單勢孤，回天丸艦長甲賀源吾下令部分船上的水手加入作戰，部分則在船艦上將大砲對準甲鐵艦開砲。

新政府軍其他船艦開始朝回天丸射擊，正在指揮水手朝甲鐵艦開砲的甲賀艦長先是左足中彈，接著右腕也中彈，之後被不知從哪飛來的子彈貫穿頸項，當場倒地斃命。眼見已難以奪取甲鐵艦，土方不得不下令全軍撤回回天丸。由於船長已死，海軍奉行荒井郁之助只得身兼回天丸艦長下令撤出宮古灣，全速駛回蝦夷地。

這場被稱為宮古灣海戰是戊辰戰爭中少數的幾場海戰，在付出十餘人戰死、三十餘人負傷的代價下，還不到明六時即以幕府軍失敗結束，歷時只有半小時多。新政府軍看見來犯的船艦只有一艘，大膽下令全軍追擊。然而，新政府軍八艘船艦中只有春日擁有比回天丸還要快的十六節時速，因此雖是說全軍追擊，實際上只有春日才能追上回天丸。雖說只有春日才能追上回天丸，不過春日懾於回天丸的武力（四十磅前裝式施條砲十門），不敢以十六節極速衝刺，終於讓回天丸逃離宮古灣。

回天丸北航至八戶港附近的鮫村沖與脫隊的蟠龍丸會合，兩艦一起返回蝦夷地。時速只有三節的高雄丸在宮古灣海戰結束後航行三陸海岸時，被巡航的甲鐵艦、春日發現，艦長古川節藏下令停靠在田野畑村羅賀濱（岩手縣下閉伊郡田野畑村），全船官兵九十六名上陸後燒船，廿九日在盛岡藩領內集體向新政府降伏。

原本打算奪取甲鐵艦，結果卻陰錯陽差地失去高雄丸，如此一來，蝦夷政權的船艦僅剩七艘（軍艦三艘、運輸船四艘）。

此次撤退，以後再也不會有機會主動出擊。

土方對於蝦夷政權的海軍力量不得不做出悲觀的評估。

宮古灣海戰獲勝的新政府軍，繼續往北推進，甲鐵、春日、陽春、丁卯丸、飛龍丸、晨風丸六艘船艦在廿六日夕七時半集結在青森港，豐安丸於翌日早上抵達，在宮古灣海戰受損的戊辰丸搭載該役傷者返回東京。

只要風浪穩定，集結在青森港的七艘船艦即將渡海對蝦夷政權展開最後的進攻。

三、箱館戰爭

等待風浪穩定的日子到來的同時，新政府也在調派進攻蝦夷地的兵力。早從明治元年十二月起，新政府動員兩千六百餘名作為進攻蝦夷地的兵力。到二月廿三日宮古灣海戰一個月前，總計已動員六千三百四十六名聚集在津輕半島周邊：

長州：七百七十六名

岡山：五百名
久留米：二百五十名
福山：六百廿一名
津：一百八十名
越前大野：一百六十六名
德山：二百五十五名
松前：五百五十二名
弘前：二千八百八十六名
黑石：一百六十名

四月四日，陸軍參謀山田市之允兼任海軍參謀，原本預定五日晝八時率一千五百名先鋒（長州三百名、弘前三百名、福山三百名、松前四百名、越前大野一百名、德山一百名）出發，結果為了等待船艦到齊拖到八日晝四時才啟程，軍艦甲鐵、春日、陽春、丁卯丸四艘外加豐安丸、晨風丸兩艘運輸船——幾乎是宮古灣海戰新政府軍的全部戰力——從青森港

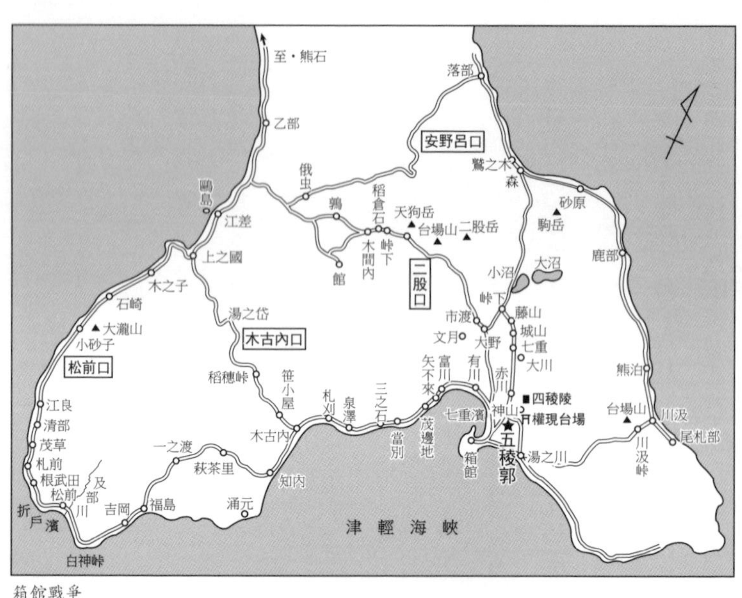

箱館戰爭

拔錨出航。九日夜八時左右，六艘船艦在江差以北的乙部（北海道爾志郡乙部町）陸續上陸，至今該地留有「箱館戰爭官軍上陸」之碑。

亦有參與北越戰爭的山田市之允即之後的山田顯義，筆者在前作有提到他出身松下村塾，可說是松陰的關門弟子，甫一入松門便受到松陰的喜愛。在家格上山田屬於長州藩寄組，擔任大組頭職務，與幕末長州藩的改革者村田清風有親戚關係（祖父的兄弟），是松下村塾成員中出身最為高貴，與筆者在第九章第五節提到的桂太郎的家格相近。市之允受到松陰的喜愛不光是關門弟子及出身高貴這兩因素，更在於市之允有著冷靜的頭腦和理性分析的精神，這點是當時松下村塾成員普遍欠缺的特質。

戊辰戰爭結束後市之允官拜兵部大丞，這是兵部省僅次於卿、大輔及少輔之下的三等官，此時市之允才廿六歲，如果不是出身松下村塾、不是大村益次郎（兵部大輔）的弟子恐怕難以辦到。隨著大村益次郎不久遭到暗殺，身為弟子的山田顯義理應成為大村的繼承人繼承兵部大輔一職，然而，半途卻殺出同樣出身松下村塾的山縣有朋這一程咬金。山縣以實踐大村未竟之志願徵兵制為己任，並以需要考察歐洲各國的徵兵制為由派遣山田顯義成為岩倉使節團的成員將其支往國外。返國後的山田顯義發現兵部省已分為陸軍省和海軍省，不管哪一個都已沒有自己的位置。

之後數年山田參與平定佐賀之亂、西南戰爭，戰功彪炳的他除了陸軍中將的軍階外沒有任何官職。為了安撫山田的不滿，山縣以外的長州領袖和大久保利通私下協商安排山田擔任輔佐司法卿大木喬任的司法大輔，一個陸軍中將無法在陸軍省任官反而擔任司法省次官，對現代人而言恐怕是訝異大過認同。

上陸後的新政府軍一路沿著海岸線南下，首要目標為江差，配合軍艦從海上砲擊。幕府軍自拿下江差後始終不曾整修砲台，因此毫無防備可言，與當初幕府軍攻下江差幾乎一樣不費吹灰之力。攻下江差後這一路新政府軍繼續南下，目標為松前，山田巧妙利用松前藩兵急於收復藩廳的心理，任命四百名松前藩兵為前鋒。另一路從江差沿二股的山道直取箱館，這一路由新政府軍監駒井政五郎（長州藩出身）領軍，蝦夷政權派出土方率領衝鋒隊兩小隊及傳習隊一小隊共約三百餘名在沿線的台場山（北海道北斗市村山）挖了十六處「胸壁」（類似防衛牆垣）以供躲藏。

四月十三日晝八時左右，駒井率領約七百名新政府軍沿中山峠、天狗山（北海道北斗市中山）推進至此遭到土方部隊的襲擊，兩軍隨即陷入一場長達十六小時的激戰。激戰期間蝦夷政權用掉超過三萬五千發子彈，最後土方暫時擊退新政府軍凱旋返回五稜郭，但是對於難以補充軍用物資的蝦夷政權而言，此役彈藥過度的消耗可能比帳面上的勝負更為關鍵。

攻下江差後，新政府軍陸續從青森港運來第二批和第三批援軍，分別由陸軍參謀黑田清隆以及海軍參謀增田虎之助率領，筆者在前作已有提到黑田清隆，他是薩摩出身。增田虎之助時任軍務官判事，出身熊本藩。讀者或許會感到奇怪：明治時代不是盛傳「薩摩的海軍，長州的陸軍」嗎？怎麼薩摩出身的擔任陸軍參謀，長州出身的卻什麼都沒有。

「薩摩的海軍，長州的陸軍」這句話的成形，最快應該也在明治中期——日清戰爭——前後，戊辰戰爭期間沒有「薩摩的海軍，長州的陸軍」並不足為奇。內閣制雖在明治十八年實施，直到明治三十一年一月第三次伊藤博文內閣才真正實現由長州接掌陸軍大臣、薩摩接掌海軍大臣的局面，在此之前陸海軍大臣都由薩摩包辦（除了極短時間外，大抵上陸、海軍大臣分別為大山巖及西鄉從道）。薩長分掌海、陸軍大臣只維持五個內閣，時間也僅只八年而已，這段期間的陸軍大臣分別為桂太郎、兒玉源太郎，海軍大臣分別為西鄉從道、山本權兵衛。說「薩摩的海軍，長州的陸軍」是因為薩長分掌海陸軍省之故，恐怕並不完全正確，毋寧說在近代日本歷史裡，薩摩出身的將領領導海軍和長州出身的將領領導陸軍，一起為大日本帝國的擴張立下無數的汗馬功勞來得恰當。

第二批和第三批援軍分別於十二日、十六日在江差上陸，如此一來蝦夷地的新政府軍數量已經超過蝦夷政權，新政府軍的艦隊也來到蝦夷地外海，不管陸軍或海軍，蝦夷政權都已居劣勢。兩批援軍會合後在黑田、增田兩位參謀的指揮下，分別由松前口（沿海岸線南下進攻松前）、二股口（上次遭到土方擊退的路線）、木古內口（北海道上磯郡木古內町）、安野呂口（北海道檜山郡厚澤部町）四路進擊。

在新政府軍的援軍到來之前已有一支進攻松前的部隊，加上這批援軍人數大大超過幕府軍，此外又得到從海上船艦的砲擊，到十七日暮六時新政府軍占領松前城。木古內口戰線原本陷入激戰狀態，大鳥圭介與本多幸七郎、太田貞泰、伊庭八郎等幾位指揮官均認為木古內的地勢不利於人數上居劣勢的幕府軍，在取得一致共識後做出棄守的決定，撤往東北方的矢不來（北海道北斗市館野），該地位於箱館灣西側，距離五稜郭只有二十公里左右。

或許會有讀者責難大鳥不應輕易棄守木古內，筆者認為這是個見仁見智的問題，在當時蝦夷政權人力不足的情形下，大鳥的決定自有一定的道理，但不管大鳥的決定為何，都不會改變蝦夷政權失敗的命運。

安野呂口因為幕府軍放棄木古內而變得不重要，因此這一路並沒有如預期發生戰役。同樣變得不重要的還有二股口，土方在十三、四日歷時十六小時的戰鬥擊退新政府軍，這可是箱館戰爭幕府軍屈指可數的勝仗。聽到大鳥棄守木古內的消息，土方倍感惋惜，然而他已決定埋骨在距離故鄉千里之遠的極北之地，土方迫切希望能在一次重擊新政府軍的戰役中光榮戰死，因此他決定在二股口再迎擊來犯的新政府軍。

新政府軍依舊由駒井政五郎指揮，兵力增至薩摩藩一中隊、岡山藩兩中隊、德山藩一中隊、長州兩門大砲，以上數量大約八百到一千人，而土方依舊率領衝鋒隊兩小隊及傳習隊一小隊外加瀧川充太郎（名具綏，即本書第一章提到對薩摩強硬的大目付瀧川具舉之子）率領的傳習隊一中隊約四百餘名。戰火在廿三日夕七時點燃，新政府軍爬上天狗山的山崖朝幕府軍挖掘的「胸壁」射擊，不過並沒能射穿，當然也未對幕府軍造成傷害。由於幕府軍在十日前的作戰消耗掉三萬五千發彈藥，土方深知軍用物資幾乎告罄，再也不可能打一場消耗三萬五千發彈藥的仗，因此決定採取一貫的襲擊戰術。

廿四日天還未亮，瀧川充太郎率領新加入的傳習隊一中隊兵力闖進新政府軍陣地，隊士們紛紛拔刀嘶喊，新政府軍以為大軍到來而陷入混亂，此時傳習隊一名隊士對準駒井政五郎開槍，駒井當場斃命，新政府軍連忙下令撤退。不過，新政府軍的後續部隊並未受到駒井戰死的影響，弘前、薩摩二藩繼續與土方部隊作戰，持續至廿五日明六時才全部撤出二股口。二股口之戰是整個箱館戰爭中蝦夷政權僅有的勝仗，然而，兩次作戰新政府軍損失不到百名，這種程度的損失可說是不痛不癢，但是幕府軍卻接連失去江差、松前、安野呂、木古內等戰略要地。不僅如此，受到廿九日失守的矢不來之影響，土方也被迫放棄駐守二股口，撤回箱館，此舉等於讓先前兩次勝仗付諸東流。

四、制海權的喪失

自四月九日進行箱館戰爭起，沿著乙部南下的戰役，新政府軍的艦隊總是如影隨形的配合新政府軍，新政府軍之所以能快速攻下江差、松前，與艦隊在海上的配合不無關聯。其實幕府軍在明治元年也是用陸海軍互相配合的方式擊敗箱館府和松前藩，然而，開陽丸的沉沒使得蝦夷政權其他三艘軍艦猶如被釘住般死守箱館港，江差、松前只能任由新政府軍搭配海陸軍予取予求。

前節有提到大鳥圭介等幾位指揮官認為木古內的地勢不利於幕府軍，決定棄守該地改守矢不來。不過前節也有提到，矢不來位於箱館灣西側，距離五稜郭只有二十公里左右，而且矢不來與江差、松前、木古內同樣都位在海岸邊，新政府軍能搭配海陸軍進攻江差、松前，同樣的戰術也能用在進攻矢不來上。

在箱館戰爭期間，新政府新增加一艘軍艦：

朝陽丸（江戶無血開城時，幕府交接給新政府的四艘船艦之一）三〇〇噸依據大鳥圭介撰述的《幕末實戰史》，大鳥在矢不來僅配置彰義隊一百廿名、游擊隊六十名、神木隊三十名、額兵隊二小隊、衝鋒隊二小隊、傳習隊一小隊的兵力，總計不超過五百名，另外在矢不來台場配置四門大砲。相較之下，新政府軍配置弘前三中隊、松前二中隊一小隊、長州一中隊一小隊、越前大野一中隊、水戶一中隊、久留米一中隊、津一中隊、福山一中隊、德山一中隊、岡山二小隊、薩摩一小隊的兵力。另外，還有九門各式大砲，新政府五艘軍艦甲鐵、春日、陽春、朝陽丸、丁卯丸全部出動，甲鐵和朝陽丸負責砲擊矢不來西南方約三公里的茂邊地（北海道北斗市茂邊地），陽春負責砲擊矢不來東北方兩公里的富川（北海道北斗市富川町），春日和丁卯丸為矢不來。光看新政府軍的配置，再與幕府軍作比較，相信不難看出最後的勝負。

四月廿九日夜八時過後，新政府軍五艘軍艦分別砲擊岸邊幕府軍陣地，由於砲擊時間在半夜，多數砲彈並沒能命中目標。隨著天色泛白，新政府軍艦逐漸提高命中率，大鳥在《幕末實戰史》寫道：

胸壁的厚實度不佳，加以官艦射出的砲彈極具猛烈威力，……毫不留情地朝陣地發射，胸壁以及砲台砲座幾乎都被炸成微塵。

朝五時起改由岸上陸軍掃蕩各陣地的幕府軍，幕府軍雖開槍阻止新政府軍的進攻，但是幕府軍的彈藥很快就用完了，幕府軍只剩撤退一途。衝鋒隊小隊長天野新太郎、永井蠖伸齋戰死，矢不來、茂邊地、富川全部失陷，幕府軍往東撤至有川（北海道北斗市中央）。

新政府軍在矢不來之役戰死十六名、負傷超過百名；幕府軍據說戰死一百六十名（詳細數字難以確認）、負傷數不詳。

新政府軍繼續追擊至有川，蝦夷政權軍艦之一千代田形趕來馳援，與追擊在後的春日、丁卯丸兩艘新政府軍艦砲擊。春日、丁卯丸的排水量分別為一二九六噸和一二五噸，千代田形為一四〇噸。火力方面，丁卯丸有兩門六吋砲；春日有四十磅及六十磅砲各兩門、一百磅砲一門；千代田形只有三門小型榴彈砲，這種程度的砲無法傷及春日分毫。速度方面，丁卯丸和千代田形時速各為五節，春日則有最快速的十六節。從以上船艦資料可知，千代田形在任何方面都不可能比得過春日。

得知雙方的差距後，千代田形艦長森本弘策認為久戰無益，於是下令沿著岸邊撤回箱館港。當日宵五時左右，千代田形在七重濱（北海道北斗市七重濱）附近擱淺，面對在後追趕的春日、丁卯丸，森本艦長下令船員拆除三門榴彈砲後棄艦逃亡。追擊在後的春日、丁卯丸兵不血刃的接收幾近完好的千代田形，五月一日適逢漲潮，新政府軍將擱淺的千代田形駛離岸邊。

四月三十日以後，蝦夷政權的軍艦僅剩回天丸和蟠龍丸，連要守住箱館海岸都倍感吃力。

新政府軍在蝦夷地登陸還不到一個月，蝦夷政權只剩兩艘軍艦，當初跟隨榎本的三千餘兵力折損甚多，估計此時剩不到兩千五百，原本控有渡島總合振興局及檜山振興局的版圖僅存四稜郭到弁天台場一帶。如今蝦夷政權已無能力與新政府軍進行大規模戰役，僅能在夜間出其不意的採取夜襲。五月一日起一連數日蝦夷政權每晚幾乎都派軍夜襲，不過取得成效甚微，蝦夷政權的反撲差不多到此為止。

眼見蝦夷政權敗象一日甚過一日，當初跟隨榎本北上的前法國軍事顧問團副團長瞿勒・布宇內及四位士官向停泊在箱館港內的法國船艦求救，以前軍事顧問團成員之一昂特・卡茲諾先前與新政府軍作戰受傷為由，要求法國船艦將他們帶離箱館。五月一日晚，瞿勒・

布宇內和四位前軍事顧問團士官以及五位蝦夷政權外籍顧問登上法國船艦，翌日清晨離開箱館，六日抵達橫濱。法國公使馬克辛・烏泰不願過度刺激日本人，讓神戶事件、堺事件等類似事件再度發生，於是下令將十人暫時監禁在船上，再伺機秘密遣送回國。

前京都所司代松平定敬早在四月十三日搭乘美國船隻離開箱館，前老中首座板倉勝靜、前老中小笠原長行以及蝦夷政權海陸裁判局竹中重固也在廿三日搭上英國船隻離去。他們離開箱館後有的在橫濱上岸逕自向新政府自首，有的暫時行蹤不明但最後被捕，不管下場如何最終都在明治五、六年左右獲釋。

去年十月廿五日晚上，被大鳥圭介率領的幕府諸隊以及土方歲三的新選組、彰義隊等諸隊殺個措手不及以致草草放棄五稜郭、狼狽上船逃往青森的箱館府知事清水谷公考，如今以堂堂青森口總督身分在江差上陸、重返蝦夷地。清水谷青森口總督重返蝦夷地一事只是讓士氣本已高昂的新政府軍繼續昂揚，對於新政府軍的戰略並無太大幫助，畢竟公卿出身的清水谷不太可能制定出攻下箱館港的戰略計畫出來。

五月七日曉七時半，甲鐵、春日、陽春、朝陽丸、丁卯丸等五艘新政府軍的軍艦從新占領的有川出發，緩緩航向箱館港。五艘軍艦在明六時進入箱館港，甲鐵、春日、朝陽丸砲擊停泊在港邊的回天丸和蟠龍丸，陽春、丁卯丸的目標為弁天台場。蟠龍丸由於機械故障而以靜止狀態應戰，倒是回天丸可以在港灣內航行迎戰。

根據新政府軍的官方紀錄，五艘軍艦砲擊的時間從明六時到晝四時，約持續四小時之久。回天丸承受新政府軍絕大多數的砲彈，據統計四小時共中彈八十餘發，仰仗超過千噸排水量的巨大艦身才不至於沉沒，從這次交戰可看出箱館灣已毫無抗拒外敵入侵的能力，而回天丸和蟠龍丸也空具船身而無對抗新政府海軍艦隊的能耐。

五、一本木關門之戰

筆者在前文提到土方歲三兩度在二股口擊退新政府軍，是整個箱館戰爭蝦夷政權僅有的兩場勝仗。然而，新政府軍的傷亡微乎其微，對於整體的戰爭而言沒有太大幫助，而且受到其他戰線敗戰之累，土方不得不率眾撤出二股口，返回箱館協防五稜郭。

土方很早就知道新政府與幕府的戰爭最後贏家不會是幕府，然而，幕府對土方而言有提拔為正式武士——這是土方畢生追求的心願——的恩情，這股恩情讓他難以拋棄幕府。不過，更重要的原因在於土方過去數年以新選組副長的身分在京都的作為，新政府——尤其是長州——巴不得將其大卸八塊以洩其忿，這點筆者在前文已經提過。

因此當土方跟隨榎本來到蝦夷地後已有所覺悟：一切到此為止，再也沒有可容身之地了。土方在甲斐勝沼之戰前夕剪掉髮髻，在京都期間從未拍過相片的土方在蝦夷政權建立後，接連拍了兩張。一張穿著和服配戴愛刀「和泉守兼定」，另一張照片的髮型更短，穿上招牌全黑洋裝軍服的坐姿相片。後一張是流傳最廣的土方相片，今日在函館市五稜郭塔最上層有一座土方坐姿銅像，便是根據這張相片而來。

宮古灣海戰後，蝦夷政權覆滅在即，土方不願將無辜的人牽扯進來，取出生平的積蓄讓服侍一年多的小姓市村鐵之助離開這是非之地。市村是新選組以伏見奉行所為屯所的時期（約《王政復古大號令》頒布到鳥羽．伏見之戰期間）由土方召募的新手之一，出身美濃大垣藩的市村與兄長剛藏一起被選為新隊士。

不久便發生鳥羽．伏見之戰，敗戰的幕府軍先是撤往大坂，然後搭乘幕府的軍艦逃回江戶。鐵之助的兄長剛藏在撤往大坂時逃亡，鐵之助則以照顧病入膏肓的沖田總司名義留下，當時市村只有十五、六歲。土方指定市村前往甲州街道日野宿，因為那裡是土方的出生地，土方的姊夫佐藤彥五郎是當地的**問屋役**（江戶時代設置在宿場附近的問屋場負責人，負責旅客及其行李的警備及住宿的相關事務），也曾是新選組主要贊助者之一，市村來到日野宿一定會得到姊夫一家人的關照。

土方同時交給市村穿著和服的照片以及愛刀「和泉守兼定」，市村在當年七月才抵達甲州街道日野宿。土方的姊姊 nobu 及姊夫看到土方的愛刀後相信土方已死去，他們看見市村雖然年幼，卻甘冒被捕的風險遠從蝦夷地千里迢迢地送回土方的遺物，因而收容他將近三年才讓市村返回故鄉。另有一說為市村返回故鄉美濃大垣藩後過了幾年，前往九州參與薩摩藩發起的西南戰爭，最終在九州戰死。

送走市村後，土方內心愈顯平靜。

此時戰死，已能了無牽掛。

五月十一日天未亮，新政府軍艦隊攻入箱館灣與僅存的回天丸、蟠龍丸進行海戰（請見

第六節），同時四千名新政府陸軍也湧進箱館市區。土方主動請纓前往靠近箱館灣的一本木關門（北海道函館市若松町）作戰，土方迫切希望讓一本木關門成為自己的最後一戰，騎馬率額兵隊二小隊（約一百餘名）的兵力應戰，瀧川充太郎率傳習隊前來助陣，土方擁有的兵力依舊有限（不到二百名）。

土方在兵力過於懸殊的情形下，一到一本木關門便被團團包圍。由於土方一心求死，因此毫不顧及自身安全。土方的英勇連帶感染給額兵隊和傳習隊諸隊士，不過，騎在馬上的土方過於顯眼，因而成為狙擊對象。朝五時過後（正確的時間不詳），一顆不知從何處飛來的槍彈命中土方腹部，土方大叫一聲墜馬而死，享年三十五歲。

土方一死，額兵隊和傳習隊諸隊士一哄而散，各自逃命。據說在一本木關門之戰前幾日，土方已預見到自己死期將至，寫下如下的辭世：

たとひ身は蝦夷の島根に朽ちるとも魂は東の君やまもらん

（即使身朽蝦夷島，魂魄仍守護東之君）

土方戰死之地在今日函館市若松綠地公園附近，該地立有「土方歲三最後的紀念碑」（土方歲三最期の碑）。至於土方埋骨之處眾說紛紜，司馬遼太郎的小說《燃燒之劍》（燃えよ剣）記載在箱館納涼寺，不過現在函館市內並無這座佛寺，可以確定的是在函館市船見町稱名寺有其慰靈碑。另外在土方的出生地東京都日野市石田寺（土方家墓園）、福島縣會津若松市天寧寺以及東京都北區瀧野川壽德寺境外墓地都有土方的慰靈碑，但都不是墓所。

在四稜郭作戰的大鳥圭介也差不多在同一時間戰敗，放棄四稜郭逃回五稜郭籠城。箱館灣海戰也約在土方戰死前結束，蝦夷政權僅存的回天丸被擊沉，而蟠龍丸向新政府降伏，箱館戰爭進入最後倒數階段。

六、箱館總攻擊

在土方於一本木關門戰死的數小時前——正確說來為五月十一日夜八時半——新政府原先五艘軍艦（甲鐵、春日、陽春丸、朝陽丸、丁卯丸）開進箱館灣，其目的一為殲滅蝦夷

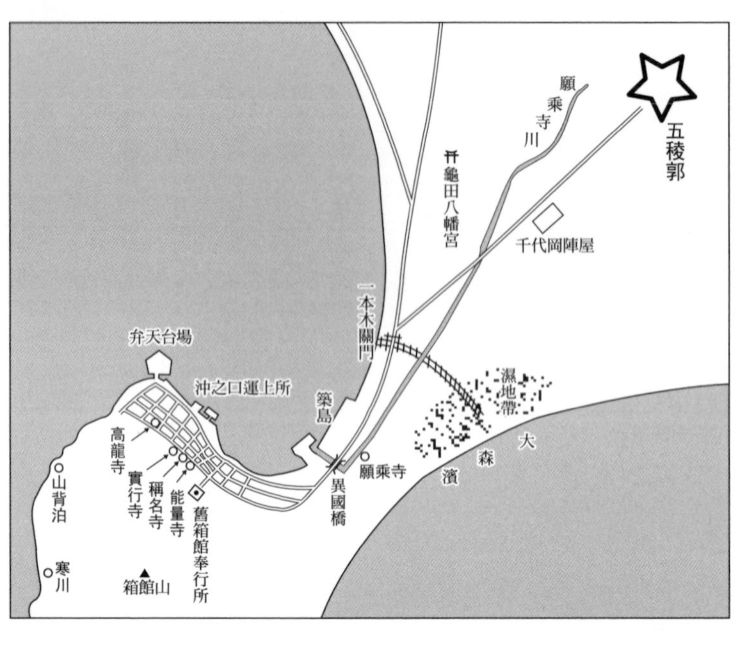

政權僅存的回天丸、蟠龍丸兩艘軍艦，另一則是結束蝦夷政權。

歷經七日一輪猛攻，中彈八十餘發的回天丸雖仍屹立在箱館港，然而船身已經遍體鱗傷，再無反擊能力，只能任由新政府軍艦宰割，蝦夷政權反而要寄望整修後尚能動彈的蟠龍丸上。

朝陽丸、丁卯丸這兩艘噸位數接近蟠龍丸的船艦對上蟠龍丸，朝陽丸、丁卯丸兩艦認定蟠龍丸並無還擊能力，因此緊緊盯住蟠龍丸不放。出乎新政府軍意料的是，從七重濱一路逃回箱館灣的蟠龍丸竟然朝朝陽丸開砲。據新政府軍海軍參謀增田虎之助的報告書有如下記載：

賊艦的彈丸，命中朝陽火藥庫，朝陽艦立刻爆裂，飛向天空。

明六時半到朝五時之間，朝陽丸沒入海底，朝陽丸上的船員除少部分被救起外，共有五十四名罹難。目睹朝陽丸的沉沒，蟠龍丸上的船員振臂歡呼，自榎本艦隊駛出品川沖北上以來已損失不少船艦，到此時方才首度擊沉新政府的軍艦。此時大概在十一日明六時半到朝五時之間，這個時間土方應該還未戰死，也許朝陽丸沉沒的消息有傳進其耳中。

不過，蝦夷政權的喜悅並未持續太久，朝五時半左右，佐賀藩的軍艦延年丸（木造蒸汽船，排水量四百餘噸，時速七節）從青森港啟航投入戰局，新政府依舊維持五艘軍艦優勢。身中多枚砲彈的回天丸再也撐不下去，海軍奉行荒井郁之助下令棄艦上岸，前往弁天台場，改以岸邊砲台回擊。棄艦後不久回天丸沒入海底，蟠龍丸也在稍後中彈過多由艦長松岡盤吉下令棄艦，前往弁天台場繼續作戰。

幕末以來以精銳自豪的幕府海軍至此完全覆滅。

接著五艘軍艦從海上砲擊弁天台場。弁天台場共有六十斤砲兩門、廿四斤砲十三門，這樣的火力在幕末日本而言算得上強大。即便弁天台場四周已被新政府軍包圍，依然奈何台場不得。不過，十一日箱館市街已逐漸為新政府軍攻下，不在新政府軍控制下的，除了弁天台場外也只剩五稜郭及千代岡陣屋（北海道函館市千代台町，現為千代台公園）。

十三日起蝦夷政權開始有小部隊向新政府軍投降，不過也有箱館奉行並中島三郎助父子英勇捐軀。相較於蝦夷政權其他官員都在五稜郭裡，中島三郎助始終堅守在千代岡陣屋（原為弘前藩協防蝦夷地的陣屋，又名津輕陣屋），

不知讀者是否還記得前作培理來日正要通過浦賀水道、進入江戶灣，浦賀奉行所派出與力帶著翻譯以「浦賀奉行所副總督」身分登上培理所在的蒸汽船薩斯魁哈那號與之應對。當時的「浦賀奉行所副總督」即是中島三郎助，日本的幕末可說從他登上薩斯魁哈那號那一刻開啟。

中島先是拒絕榎本要他棄守千代岡陣屋、撤回五稜郭的建議（前彰義隊隊長澀澤成一郎率隊撤回），也拒絕新政府軍的勸降，率領僅有的五十餘名砲隊士兵與新政府軍作戰，當場壯烈成仁，三郎助長男恒太郎、次男英次郎以及三郎助在浦賀奉行所擔任與力的幾名同僚

也一同戰死，幕末的結束也隨著三郎助的戰死即將畫下句號。

十七日明六時過後，蝦夷政權總裁榎本武揚、副總裁松平太郎走出五稜郭，在越前大野藩兵護衛下，前往五稜郭西側一處民宅與新政府軍陸軍參謀黑田清隆、海軍參謀增田虎之助、軍監村橋直衛（薩摩）、岸良彥七（薩摩）、有地志津摩（不詳）等人展開三小時的會談。會談結束後前往附近龜田八幡宮（北海道函館市八幡町）參拜，榎本及松平二人在八幡宮前宣誓絕對遵守會談的結果。

這一天會談主要內容即是蝦夷政權向新政府降伏，因為沒有海軍、只剩五稜郭一地的蝦夷政權再也無法對抗新政府，若再不降伏只有走上全軍滅亡一途。

新政府軍對於蝦夷政權的降伏開出三個條件：

(1)首謀者前來陣門（新政府軍本陣）降伏。

(2)開五稜郭城門前往寺院謹慎，以待朝廷最終的決議。

(3)交出所有的兵器。

讀者不妨和第五章江戶無血開城(最後的定版)、第十章會津戰爭新政府開出的兩者降伏條件做比較，不難發現對蝦夷政權相當寬大，除了已戰死的土方歲三、中島三郎助外，所有蝦夷政權官員都沒有受到死刑的處分，他們在戊辰戰爭結束後只處以數年的監禁處分，之後有一部分成為明治政府的一員。

其中尤以榎本武揚為最。他在明治五年便特赦出獄，受黑田清隆拔擢，成為北海道開拓使四等官。明治七年起被任命駐俄公使，與俄國談判自幕府以來的國界問題，明治八年簽訂《樺太和千島交換條約》一舉解決長年來的國界爭議。此後直到日俄戰爭結束前樺太(庫頁島)成為俄國領土，千島群島(包括現今有爭議的國後、擇捉、色丹、齒舞等所謂北方四島)成為日本領土。

成功解決國界爭議、在外交界打響名號的榎本卻又回到熟悉的海軍界，在明治十三年接替薩摩藩的川村純義成為海軍卿。面對海軍省內薩摩藩強大的勢力，榎本的海軍卿當的相當勉強，不過一年多主動辭官求去，同時退出軍界。

之後榎本歷任皇居造營事務副總裁、駐清公使。明治十八年12月22日第一次伊藤博文內閣成立，榎本是唯一一個非薩長出身的閣員，被任命為在當時來看不算重要的遞信大臣

（相當於郵政部門）。之後黑田清隆內閣、第一次松方正義內閣、第二次伊藤博文內閣榎本都受到延攬，分別擔任文部、外務、農商務等大臣，擔任的職務之多整個明治時代幾乎無人可比，恐怕連榎本自己也不清楚到底自己的專業為何。

豆知識

倖存至明治時代的新選組隊士們

雖然新選組隊士在京都和戊辰戰爭期間都有滿大傷亡，不過實際統計下來，戊辰戰爭結束時仍有將近半數的倖存者，換言之，有將近半數新選組隊士在幕末動盪中存活下來。

這些近半數存活的前新選組隊士進入明治時代選擇低調過活，不願被人知悉不堪回首的過去（當然也有人以曾為新選組成員為榮），因此要知道這些倖存者在明治時代的動態並不容易，在此筆者列舉出以下四名前新選組隊士，大致介紹他們進入明治時代後的人生。

永倉新八

筆者在第三章提到甲斐勝沼之戰後，永倉新八、原田左之助與近藤、土方意見分歧而分道揚鑣，永倉、原田二人加入幕臣芳賀宜道成立的靖共隊在江戶外圍作戰。

後來永倉和土方在宇都宮重逢，兩人曾一同與新政府軍作戰一陣子，宇都宮城淪陷後土方因腳傷之故直接前往會津。不少戲劇和小說提到永倉曾赴會津，在天寧寺與土方祭拜死去的近藤。這種說法並不正確，永倉在宇都宮之戰後有想過要前往會津，不過最終選擇回到江戶，可能與人在江戶參與上野戰爭的原田左之助不無關係。

因為永倉折回江戶，因此缺席之後的戊辰戰爭，但是返回江戶的永倉也沒參與上野戰爭。戊辰戰爭結束後永倉返回其出生地松前藩，之後與藩醫杉村介庵之女成婚，入贅杉村家並繼承其家業，改名杉村義衛遷徙至小樽定居。

此後永倉（雖已入贅杉村家，筆者在本文還是以永倉新八稱之）的活動範圍幾乎都在北海道，大多在當地刑務所擔任劍術師範，也經常針對刑務所官吏傳授劍術。另一方面他也積極收尋、整理新選組的資料，加上自己在京都時期的日記透過口述由《小樽新聞》記者吉島力在報紙上連載，連載結束後以《新選組顛末記》的書名於大正二（一九一三）年出版單行本。

《新選組顛末記》出版時距離戊辰戰爭已有四十餘年之久，照理在細節方面難免會與史實有所出入，然而永倉根據自己的日記減低不少此類缺點。大正末期，本名梅谷松太郎的小說家子母澤寬受《新選組顛末記》的啟迪，相繼出版《新選組始末記》《新選組遺聞》《新選組物語》等新選組三部曲。戰後，新選組三部曲成為不少歷史小說家創作以新選組為主題的作品必備參考書目，影響可謂深遠。

大正四（一九一五）年1月，永倉在小樽病逝，享壽七十七歲。墓所共有三處，分別位於小樽市、札幌市以及東京都北區壽德寺境外墓地。

齋藤一

從鳥羽．伏見之戰起一直到會津藩降伏為止的戊辰戰爭，齋藤一幾乎無役不與，同時也幾乎毫髮無傷。來到會津的齋藤一依舊神采奕奕，似乎只有作戰才能吸引他的關注。當土方前往庄內藩求援時，齋藤依舊留在會津作戰，會津在土方滯留庄內、仙台期間降伏，齋藤一也以會津藩士身分降伏。

齋藤一作為已降伏新政府的會津藩士一員，一度被送往越後高田藩謹慎，明治二年十一月起前往准許再興的會津藩新領地下北半島與會津藩士度過一年半的苦難日子。齋藤一在下北半島期間成家，同時改名藤田五郎。

廢藩置縣後齋藤一定居東京，除了劍術別無專長的他選擇進入警視廳，在警視廳使用藤田五郎之名。儘管齋藤一行事低調，還是被認出真實身分，因而成為警視廳劍術師範，負責教授警員劍術。

明治十年爆發西南戰爭，不少會津藩士為報戊辰之仇主動請纓參加平亂，齋藤一也在昔日會津藩家老山川浩、佐川官兵衛的號召下組隊前往征討。齋藤一在西南戰爭表現傑出，對於殺聲隆隆的戰爭現場毫無畏懼，據說曾在一次會戰中砍下三十餘名薩摩人首級。西南戰爭還沒結束已晉升到警部補（日本警察的階級，位在警部之下，巡查部長之上），同時在九州戰場上也晉升至警視徵募隊二番小隊半隊長（相當於副隊長），在西南戰爭結束後得到政府授予的勳章。

齋藤一此後再也沒有展現劍術的機會，不到五十歲從警視廳退職，最終階級為警部。由於齋藤一名聲顯著，後來先後在東京高等師範學校（後來的東京教育大學，現在的筑波大學）、東京女子高等師範學校（現在的御茶之水女子大學）擔任劍術師範。

大正四年九月，齋藤一在東京病逝，享壽七十二歲。

島田魁

島田魁身材相當魁梧，而且天生神力，這是一般人對於島田魁的第一印象，由於島田給人的第一印象過於深刻，因此經常讓人低估其劍術上的造詣。

雖然島田乍看之下給人笨重的印象，不過他對於近藤、土方相當忠誠，對於出生入死的同伴也很關照。在鳥羽．伏見之戰期間，永倉新八和島田等人曾組敢死隊衝進敵陣，結果遭到砲火猛烈的新政府軍擊退。永倉因為裝備厚重爬不上土牆，島田見狀趕緊遞上自己的長槍協助永倉撤退。

島田與土方一起轉戰各地，直到箱館，與蝦夷政權一起向新政府降伏。降伏後被送往尾張藩謹慎，謹慎時間只有短短半年。謹慎解除後島田前往京都，最終成為西本願寺夜間警備人員（相當於現在的保全）。明治三十三年島田在京都病逝，享壽七十三歲。

島田雖給人粗曠的印象，但是出乎意料之外他有寫日記的習慣，在京都時便記載在新選組的大小事情，與永倉新八的日記見證了新選組的全盛期。

中島登

中島登出身武藏國多摩郡，與近藤、土方算是同鄉，劍術上當然學習天然理心流，不過中島的劍術算是普通，雖然他是新選組早期成員，因為劍術普通只當到伍長，而且也很少參與新選組的任務。

與島田魁一樣，中島登幾乎也是參與戊辰戰爭每一役，直到箱館戰爭向新政府降伏為止。戰後被送往各地謹慎，明治三年五月回到武藏多摩，不久前往濱松並在那裡定居。

中島登雖在劍術造詣上成就有限，但在種植與經營方面頗有天分，出於興趣栽植葉蘭，取得不小成就。以此獲得的利潤轉而經營鐵砲店，取得政府准許鐵砲火藥經營的許可，設立中島鐵砲火藥店成為軍火商。

明治二十年在濱松病逝，享年五十歲。

此外，中島也頗有繪畫才能，留有《戰友姿繪》畫作。

結束語　戊辰戰爭結束後的處置

會津戰爭結束後，除蝦夷地外，全國已在新政府控制之下，除了等待春季到來渡海登陸蝦夷地終結蝦夷政權外，對於參與戊辰戰爭的藩（或藩主）以及個人做出適當的懲處對於新政府而言也是當務之急。相較於關原之戰在戰役結束後一個月內就對全國大名做出對家康而言適當的獎懲，會津戰爭結束後拖到十二月七日（也就是將陸奧國一分為陸奧、陸中、陸前、磐城、岩代五國，將出羽國分為羽前、羽後二國的同一日）起，對鳥羽・伏見之戰以來到會津戰爭期間抵抗新政府的藩做出以下三種處分：

一、將原本欲處死的大名減刑一等為永久禁錮，如前會津藩主松平容保、松平喜德父子、前桑名藩主松平定敬、前老中首座兼備中松山藩主板倉勝靜、請西藩主林忠崇。

二、領地沒收（次代繼承後再予以分封）並謹慎處分，仙台藩主伊達慶邦、盛岡藩主南部利剛、二本松藩主丹羽長國、庄內藩主酒井忠篤、越後長岡藩主牧野忠訓、棚倉藩主阿部正靜。

三、領地削減並隱居謹慎處分，如磐城平藩主安藤信勇（只被處以謹慎）從五萬石削減至三萬石、小田原藩主大久保忠禮從十一萬三千石削減至七萬五千石、米澤藩主上杉齊憲從十八萬石削減至十四萬石……等等。

石高遭到削減幾乎都集中在奧羽地方，總計削減約八十八萬石領地。

戊辰戰爭的戰後處份(大名領的削封比例)

①免除死罪，改為比死罪低一等的罪刑，永遠禁錮，家督由其繼承人繼承

林 忠崇(請西藩主)	1 萬石→新知 *300 石	97.0%
松平容保(會津藩主)	23 萬石→新知 3 萬石	87.0%
板倉勝靜(備中松山藩主)	5 萬石→ 2 萬石	60.0%
松平定敬(桑名藩主)	11 萬石→ 6 萬石	45.5%

②沒收封土，閉門反省(謹慎)，家督由其繼承人繼承

牧野忠訓(長岡藩主)	7.4 萬石→新知 2.4 萬石	67.6%
伊達慶邦(仙台藩主)	62.5 萬石→新知 28 萬石	55.2%
丹羽長國(二本松藩主)	10 萬石→新知 5 萬石	50.3%
阿部正靜(棚倉藩主)	10 萬石→新知 6 萬石	40.0%
南部利剛(盛岡藩主)	20 萬石→新之 13 萬石	35.0%
酒井忠篤(庄內藩主)	17 萬石→新之 12 萬石	29.4%

③削減封土，隱居，家督由其繼承人繼承

安藤信勇(磐城平藩主)	5 萬石→ 3 萬石(僅閉門反省)	40.0%
大久保忠禮(小田原藩主)	11.3 萬石→ 7.5 萬石(永久隱居)	33.6%
上山齊憲(米澤藩主)	18 萬石→ 14 萬石	22.2%
久世廣文(關宿藩主)	5.8 萬石→ 5.3 萬石	8.6%
水野勝知(結城藩主)	1.8 萬石→ 1.7 萬石	5.6%

* 新知是指整個俸祿被沒收後又重新分封。

【說明】

1. ③上山、一關、出羽松山、福島、泉、天童、龜田、湯長谷、八戶等加入同盟的三萬石以下大名大致上遭到削減 10% 左右的處分。
2. 安藤信勇遭到移封，不久復封，前老中的祖父信正處以永久禁錮。
3. 德川慶喜假定有七百萬石(直轄領加旗本領)，則削減率達到 90%。不過有多數旗本已經成為朝臣，因此列出這一數字只是為了做比較。另外，對於田安及一橋兩德川家兩德川家分支各為十萬石。

懲處結束後，自明治二年六月二日起——箱館戰爭結束後半個月——開始進行賞賜。

賞賜可分為祿和敘位，祿又可分為永世祿（可代代相傳）、終身祿（僅限一代）以及一時賞賜。依《明治政史》第二卷明治二年九月十四日條的記載，得到賞祿和敘位的功臣如下：

三條實美——五千石　公卿
岩倉具視——五千石　公卿
木戶孝允——一千八百石敘從三位　長州
大久保利通——一千八百石敘從三位　薩摩
廣澤真臣——一千八百石　長州
中山忠能——一千五百石　公卿
正親町三條實愛——一千石　公卿
大原重德——一千石　公卿
東久世通禧——一千石　公卿
小松清廉（帶刀）——一千石　薩摩

後藤元曄（象二郎）——一千石　土佐
岩下方平——一千石　薩摩
由利公正——八百石　越前
成瀨正肥——五百石敘正五位　犬山藩主
田宮篤輝（如雲）——四百石　尾張
福岡孝弟——四百石、土佐
中根師質（雪江）——四百石　越前
辻維嶽（將曹）——四百石　藝州

以上永世祿

山內容堂——五千石敘正二位　前土佐藩主
伊達宗城——一千五百石　前宇和島藩主
江藤胤雄（新平）——一百石　佐賀
島義勇——一百石　佐賀

北島秀朝——一百石　水戶
西尾為忠——一百石
新田義雄（三郎）——五十石　大和郡山

以上終身祿

田中國之輔（不二麿）——金千兩　尾張
神山君風（郡廉）——金五百兩　土佐

以上一時賞賜

德川慶勝——敘從一位　前尾張藩主
松平春嶽——敘正二位　前越前藩主
淺野茂勳——敘正二位　藝州藩主
西鄉吉之助——敘正三位　薩摩

箱館戰爭的戰後獎賞

松前兼廣（松前）	2萬石	黑田清隆	700石
阿部正恆（福山）	6000石	山田顯義	600石
德川昭武（水戶）	3500石	清水谷公考	250石
土井利恆（越前大野）	3000石		
毛利廣封（長州）	2.5萬石（三年）		
島津忠義（薩摩）	1萬石（三年）		
池田章政（岡山）	1萬石（三年）		
津輕承昭（弘前）	1萬石（三年）		
有馬賴咸（久留米）	5000石（三年）		

這只是最初的賞賜，之後又陸續追加戊辰戰爭闕漏及箱館戰爭的功臣，直到明治三年結束為止，此時橫井小楠和大村益次郎均已不在人世。

戊辰戰爭期間新政府總計動員一百九十餘家大名，動員兵力共計約十一萬五千人，雖然動員如此多家大名，不過實際進行作戰的大概只有百家左右，實際參戰的兵力約八萬多人。

至於戊辰戰爭雙方死傷人數各家記載不盡然相同，據太政官修史館編修的《明治史要》記載，新政府軍戰死三千五百五十人、負傷三千八百四十五人。幕府軍（包含奧羽越列藩同盟）戰死四千六百九十人、負傷一千五百〇九人，雙方相加總計戰死八千二百四十人、負傷五千三百五十四人。

戊辰戰爭結束也宣告破壞階段到此告一段落，接下來是進入革命（或改革）的第二階段——建設。不過，破壞容易建設難，建設的部分留到筆者「幕末．維新史」第三部《御一新》再做詳細的介紹。

參考書目

一、日文書目

1 戊辰戦争全史（上）（下） 菊地明、伊東成郎編 戎光祥出版 2018年3月

2 明治維新 日本の歴史20 井上清 中央公論新社 1997年6月

3 維新の内乱 石井孝 至誠堂 1977年3月

4 戊辰戦争論 石井孝 吉川弘文館 2008年1月

5 戊辰戦争 戦争の日本史18 保谷徹 吉川弘文館 2013年4月

6 鳥羽伏見の戦い——幕府の運命を決した四日間 野口武彦 中央公論新社 2010年3月

7 幕末維新大人名事典（上）（下） 安岡昭男編 新人物往来社 2011年4月

8 明治文化全集 第二巻政史篇上巻 明治文化研究会 1992年7月復刻版

9 彰義隊戦史（上）　山崎有信　大空社　1997年1月復刻版
10 奥羽越列藩同盟——東日本政府樹立の夢　星亮一　中央公論新社　1995年3月
11 偽りの明治維新——会津戊辰戦争の真実　星亮一　大和書房　2008年2月
12 斗南藩——「朝敵」会津藩士たちの苦難と再起　星亮一　中央公論新社　2018年8月
13 幕末維新　消された歴史　安藤優一郎　日本経済新聞出版社　2010年3月
14 幕末維新伝　今、その史実が明かされる　木村幸比古　淡交社　2018年8月
15 一外交官の見た明治維新（下）　アーネスト・サトウ　岩波書店　2003年4月
16 幕末維新がわかるキーワード事典——ペリー来航から西南戦争まで、激動の25年が見えてくる　川口素生　PHP研究所　2004年2月
17 幕末大全　下巻　維新回天と戊辰戦争　学研　2004年5月
18 勝海舟　歴史を動かす交渉力　山岡淳一郎　草思社　2018年3月

二、中文書目

1 日本近代政治史第二卷　信夫清三郎　桂冠圖書公司　1994年4月

2 明治維新　田中彰　玉山社　2012年5月

3 新譯森鷗外：切腹的武士　森鷗外　紅通通文化出版社　2018年1月

江戶時代時辰與現代時間對照表

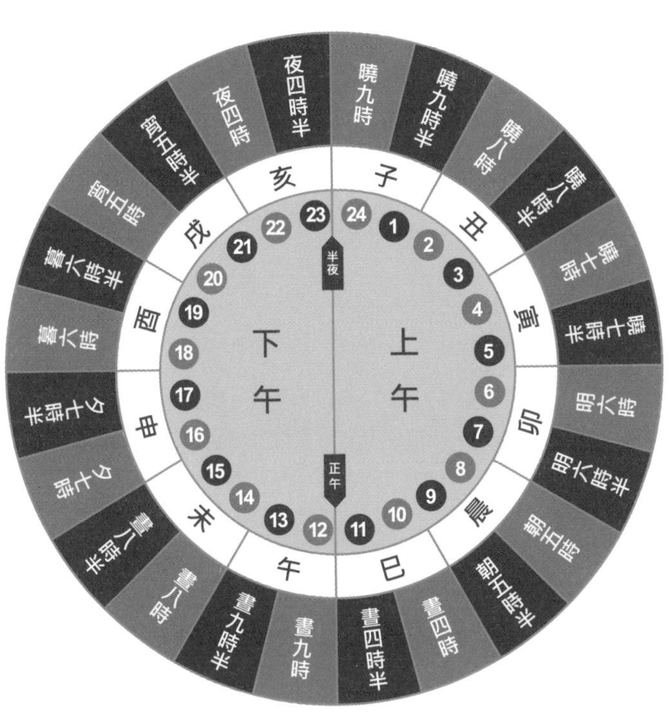

國家圖書館出版品預行編目 (CIP) 資料

戊辰戰爭：還原被隱藏的真實．奧羽越列藩同盟之卷 / 洪維揚著．-- 初版．-- 新北市：遠足文化，2019.11--（大河；50）

ISBN 978-986-508-046-4（平裝）

1. 日本史

731.272　　108018904

大河 50

戊辰戰爭：還原被隱藏的真實

奧羽越列藩同盟之卷

作者——洪維揚
執行長——陳蕙慧
總編輯——郭昕詠
行銷總監——李逸文
行銷企劃經理——尹子麟
封面設計——霧室
封面圖畫——慶長四年大功記大山崎之 / 國立國會圖書館
排版——簡單瑛設

社長——郭重興
發行人兼
出版總監——曾大福
出版者——遠足文化事業股份有限公司
地址——231 新北市新店區民權路 108-2 號 9 樓
電話——(02)2218-1417
傳真——(02)2218-1142
電郵——service@bookrep.com.tw
郵撥帳號——19504465
客服專線——0800-221-029
網址——http://www.bookrep.com.tw
Facebook——https://www.facebook.com/saikounippon/
法律顧問——華洋法律事務所 蘇文生律師
印製——呈靖彩藝有限公司

初版一刷 西元 2019 年 11 月
Printed in Taiwan